| 4 | Can you guess the word？

何の単語かわかるかな？
（3問）

ham
burg
er

このように長い単語の場合は、いくつかの部分に分かれています。これを
音節
とよんでいます。 | 複数の音節から成る単語を音節ごとに区切った発音を聞いて、□□□□□□□□音節ブレンデ□□□□□□□□□□□□□□□□音節の順番□□□□□□□□□□□□□□□初が入って□□□□□□□□
3問のクイズの後に、音節□□□を説明して□□□□□□シラブル」（syllable）と同じですが，漢字から意味を類推しやすいように「音節」という言葉をあえて使って説明しています。 |
| 5 | How many syllables？

音節数はいくつ？
（3問）

computer | Part 4 の逆で，1つの単語を音節で区切っていく音節セグメンテーションの問題です。発音を真似ながら手を叩いていくことで，単語には音節区切りがあることを体感しながら学習していきます。 |

※動画や QR コードの発音や解説は基本的にアメリカ英語発音です。
※複数の QR コードが近くに印刷されている場合，必要なものの周囲を隠して読み取って下さい。

| 第1回 | 第2回 | 第3回 | 第4回 | 第5回 |

| 第6回 | 第7回 | 第8回 | 第9回 | 第10回 |

Use Your Ears, Eyes and Mouth to Learn English Sounds!

きいて・
みて・
まねて
覚える英語の音

動画で
できる
音声指導

河合裕美・高山芳樹 著
Kawai Hiromi　Takayama Yoshiki

大修館書店

はじめに

　英語は 2020 年度についに小学校 5・6 年で外国語科として教科となりました。小学校外国語科では，それまでの外国語活動で指導をしてきた「聞く」「話す」に加えて，「読む」「書く」能力も扱われるようになります。ここで誤解していただきたくないのは，「読み・書き」については，ただ単に単語の綴りを読める・書けるように教え込めばよいということではなく，その前提として「子どもに対する十分な音声指導がなされていなければならない」ということです。音声指導を十分にするからこそ，英語音声に対応する文字がわかるようになるのです。

　音声指導については，それまでの外国語活動でも音声に慣れ親しませる指導はされてきたはずですが，先生方や JTE・ALT から，英語音声を実際どのように教えていったらよいのかわからないという不安の声を聞くことが少なくありません。意外にも，日本の子どもに英語音声をどのように教えていくべきか，統一した指導法は存在していないのです。

　英語の音声は，日本語の音声とは異なる点がたくさんあります。英語を母語とする子どもと全く同じように同じ順番で教えることは，日本のように英語を外国語として学ぶ学習環境においては非現実的であると同時に，子どもにすでに日本語が母語として定着している状況においては非効率的です。

　本書は英語が専門ではない小学校の先生方や，民間の英語教室の先生方，とりわけ，音声指導に不安を抱えていらっしゃる先生方が，自信を持って音声指導ができるようになることをねらいとしています。本書にはそれを実現するための動画教材『すべての子どものための英語音声学習映像教材「英語の音　聞いてみよう！　見てみよう！　まねしてみよう！」』が付属しています。この動画を何度もご視聴いただき，先生方ご自身の英語の発音スキルの向上に役立てていただくと共に，日々の授業の子どもたちへの音声指導のさまざまな場面で，本書で紹介する活動を積極的に取り入れていただき，子どもたちに英語音声の面白さを実感させていただければ幸いです。

　＊本書は，科学研究費助成事業　基盤研究 C「全ての通常学級児童のための英語音声指導法構築と視覚的教材開発の統合的研究」（研究代表者：河合裕美，研究分担者：高山芳樹）の研究成果として出版するものです。

謝辞

本書刊行にあたり，多くの方のご協力をいただきました。動画撮影にあたっては，神田外語大学元 ELI（English Language Institute）教員の Barton Colmerauer 先生，神田外語大学卒業生の常住ほのかさん，動画編集にあたっては，神田外語大学の卒業生で千葉県立東総工業高等学校英語科教諭の小川朝輝先生に多大なご協力をいただきました。絵カード開発にあたって，イラストレーターの鴻巣博子さんは，筆者の希望を忠実にイラストに表現してくださいました。チャンツの音声リズムについては，YAMAHA エレクトーン ELS-02C のリズムを編集して使用し，編集の際は，ヤマハ音楽教育システム講師の井上加奈子先生に手厚く御指導いただきました。心より御礼申し上げます。

最後に，本書企画から刊行まで多大なるご支援・ご理解を賜りました大修館書店編集部の小林奈苗氏に心より感謝申し上げます。

2021 年 8 月

河合裕美
高山芳樹

目　次

第1章
英語の音声指導の基本

1 日本語と英語の音声の違い

　英語の音声指導をされる先生方にまず知ってもらいたいことは，私たちの母語である日本語と英語の音声がどういう点で異なるのかということです。日本語を母語とする私たちは英語を発音しようとすると，当然，生まれてからずっと自分の体に染みついている日本語の発音の癖を持ち込んだ英語発音をしてしまいます。この「日本語英語発音」は，私たちのアイデンティティそのものですから，過度にネガティブにとらえる必要はないものの，この「日本語英語発音」が原因で英語でのコミュニケーションに支障をきたす場合は，やはり対処が必要となります。相手に伝えたいメッセージがあり，そのメッセージを伝えるための語彙・表現を知っていて，英語の文法に沿って正確に英文を組み立てて表現しても，自分の「日本語英語発音」が原因で相手に通じなければ，残念ながら，その英語はコミュニケーションの道具として役には立っていないことになるからです。

　ここでは，「日本語英語発音」のうち，どういったことが，「通じない英語」の原因となっているのかを探ることから始めます。「日本語英語発音」の特徴を理解するために，私たちの母語である日本語と英語の音声の違いについての理解を深め，「日本語英語発音」のどの部分を矯正すれば，コミュニケーションの道具として役立つ「通じる英語発音」に近づくことができるのか，そのための発音の学習ポイントや音声指導のポイントを明らかにしていきます。

(1) 母音で終わる日本語 vs. 母音で終わらない英語

　まず最初に，次の日本語と英語の音声を交互に聞いてみましょう。

（▶ QR コードで音声チェック！）

マップ	map
ペット	pet
ブック	book

音声的にはいろいろな違いがあるのですが，とても大きな違いの 1 つに「母音で終わる」のか，「母音で終わらないのか」ということがあります。それ

ぞれの語の最後の音に注意を払ってもう一度聞いてみましょう。

　いかがですか。日本語のほうが「母音で終わる」のに対し，英語のほうは「母音で終わらない」ことに気づきましたか。日本語の「マップ」「ペット」「ブック」をそれぞれローマ字で表記すると以下のようになります。

		ローマ字	
マップ	→	mappu	「う」で終わる
ペット	→	petto	「お」で終わる
ブック	→	bukku	「う」で終わる

　このようにこれらの日本語がすべて母音で終わっているため，これらに対応する英単語を日本語っぽく発音してしまうと，次のようになります。

英語		日本語英語発音
map	→	map う
pet	→	pet お
book	→	book う

　これらの英単語の場合は，本来，語末に母音を入れずに発音するべきなのに，日本語英語発音では余分な母音が挿入されていることがわかりますね。実は，**この「余分な母音を挿入してしまう」癖が英語を通じにくくしている大きな理由の 1 つなのです。**

　そもそもどうして日本人は「余分な母音を挿入してしまう」のでしょうか。その答えのヒントは日本語の五十音図にあります。五十音図を見るとわかるように，日本語は「子音＋母音」の組み合わせになっています。例えば，「か」「き」「く」「け」「こ」はローマ字で ka, ki, ku, ke, ko と「子音 k ＋母音あいうえお」の組み合わせとなっています。「さ」「し」「す」「せ」「そ」を見てみると，ローマ字で sa, shi, su, se, so となっていますが，この場合も「子音 s または子音 sh ＋母音あいうえお」となっていることがわかりますね。

　一方，英語は go や me や zoo のように日本語と同じ「子音＋母音」の組み合わせの場合もありますが，map や pet，book のように子音で単語が終わることが非常に多いのです。日本語は「うん（運）」，「かん（缶）」，「へん（変）」のように，「ん」以外に子音で単語が終わることはないので，日本人が英単語を発音しようとすると，どうしても語末の子音に余分な母音をくっ

	か行 k	さ行 s	た行 t	な行 n	は行 h	ま行 m	や行 y	ら行 r	わ行 w	ん
あ a	ka	sa	ta	na	ha	ma	ya	ra	wa	n
い i	ki	shi	chi	ni	hi	mi		ri		
う u	ku	su	tsu	nu	fu	mu	yu	ru		
え e	ke	se	te	ne	he	me		re		
お o	ko	so	to	no	ho	mo	yo	ro		

つけて発音する傾向があります。そのため，map, pet, book を「map う」，「pet お」，「book う」のように発音してしまうのです。

　さて，ここで「**母音**」，「**子音**」という言葉の意味を念のために確認しておきましょう。「母音」というのは，「空気の流れがさえぎられないで，開いた喉からストレートに出ている音」です。「ア」「イ」「ウ」「エ」「オ」と声に出して言ってみると，肺からの空気が喉を通って，スムーズに声が出ていることが実感できるかと思います。一方，「子音」というのは，「肺から出た空気の流れが，どこかでさえぎられて出るいろいろな音」のことです。「ア」→「カ」→「ア」→「カ」や，「ア」→「サ」→「ア」→「サ」のように順番に声に出して言ってみると，「か（ka）」や「さ（sa）」を発音しようとすると，k のところで「肺からの空気がいったん止められてから音が出たり」，s のところで「空気の通り道がすごく狭められて擦れるような音が出る」のを感じることができると思いますが，この k や s が子音と呼ばれる音です。母音「あ」を発音するときには邪魔するものがなく，スムーズに声が出せるのとは対照的ですよね。

　母音は英語では vowel と言うので，記号 V で表すことがあります。また，子音は英語で consonant と言うので記号 C で表すことがあります。五十音図を見るとわかるように，日本語の音のかたまりの基本は「子音＋母音」なので，日本語は CV が基本の言語と言われます。つまり，日本語では五十音図のひらがな，カタカナ1文字を1つの「音のかたまり」としてとらえていて，日本語のリズムの単位となるこの「音のかたまり」を「**モーラ**」（mora）と言います。一方，英語の音のかたまりの基本は「子音＋母音＋子音」なので，英語は CVC が基本の言語と言われています。

(2) 子音のかたまりの少ない日本語 vs. 子音のかたまりの多い英語

まずは，次の日本語と英語の音声を交互に聞いてみましょう。
（▶ QR コードで音声チェック！）

ドリーム	dream	
ストリート	street	
クラス	class	

次に，いま耳で聞いた音のイメージを保ちながら，これらの日本語と英語のペアを交互に口に出して，違いがはっきりと出るように発音してみましょう。

日本語と英語の発音の違いをはっきりと示すために，どのようなことを意識されましたか。1 つは前に学んだことですが，子音で終わっているこれらの英単語を発音する際に，語末に余分な母音をつけて発音しないように気をつけるということでしたね。

dream う　→　余分な「う」を削除　→　dream
street お　→　余分な「お」を削除　→　street
class う　→　余分な「う」を削除　→　class

実は今回の日本語と英語の音の違いのポイントはもう 1 つあります。次のように発音された方はいませんか。

d お ream
s う t お reet
c う lass

これらは dream の dr，street の str，class の cl のところに余分な母音を入れて発音してしまう日本語英語の悪い癖です。dr, str, cl のように子音がくっついているかたまりのことを「**子音連結**」と言います。日本語にはあまりない音声現象（注）なので，日本人はよほど強く意識しないと，子音と子音の間に「お」や「う」の余分な母音を入れてしまうのです。ですから，子音

（注）日本語にも「きゃ（kya），きゅ（kyu），きょ（kyo）」や「みゃ（mya），みゅ（myu），みょ（myo）」のような子音連結を持つ音節があります。これを拗音と言います。

連結を含んだ英単語を発音する際には，子音と子音の間に余分な母音を入れないことを強く意識し，子音連結のところは，1つの音のように一気にすばやく発音してみましょう。

d お ream	→	余分な「お」を削除	→	**dr**eam
s う t お reet	→	余分な「う」や「お」を削除	→	**str**eet
c う lass	→	余分な「う」を削除	→	**cla**ss

子音連結は dream, street, class のように語頭にくる場合以外に，語中にくる場合，語末にくる場合など，たくさんの英単語のさまざまな箇所に頻繁に出てきます。これらを発音する際には，「余分な母音を入れない」ことを強く意識して，何度も口に出して体に正しい英語の音声を染み込ませましょう。

〔子音連結がある英単語例〕（▶ QR コードで音声チェック！）

語中の子音連結

Africa, April, astronaut, basket, culture, sister

語末の子音連結

artist, best, box, gift, hand, jump, next

1つの単語内に複数の子音連結

breakfast, classroom, florist

（3）モーラと音節

最初に，次の日本語と英語の音声を交互に聞いてみましょう。
（▶ QR コードで音声チェック！）

デスク	desk	
プログラム	program	
クリスマス	Christmas	

日本語の「デスク」，「プログラム」，「クリスマス」はいくつの「音のかたまり」からなる言葉だと思いますか。それぞれを鼻歌のように「ん」に置き換えて言ってみたり，指折り数えてみましょう。

デスク	→	ん・ん・ん	→	●●●
プログラム	→	ん・ん・ん・ん・ん	→	●●●●●
クリスマス	→	ん・ん・ん・ん・ん	→	●●●●●

　「デスク」は3つの「音のかたまり」，「プログラム」と「クリスマス」は5つの「音のかたまり」からなっていますね。日本語では五十音図のひらがな，カタカナ1文字を1つの「音のかたまり」としてとらえていて，この日本語のリズムの単位となる「音のかたまり」が「モーラ」と呼ばれるのでしたね。日本語ではモーラの長さはだいたい同じくらいと考えられています。「デ・ス・ク」は3モーラ，つまり，3拍の言葉です。「プ・ロ・グ・ラ・ム」と「ク・リ・ス・マ・ス」は5モーラ，つまり，5拍の言葉になります。「お・じ・さ・ん」は4モーラなのに対し，長音を持つ「お・じ・い・さ・ん」は5モーラとなります。また，拗音（5ページの注参照）は1モーラと数えますので，「きゅ・う・り」は3モーラ，「カ・ル・チャ・ー」は4モーラです。小さい「っ」を持つ促音（そくおん）や「ん」で表される撥音（はつおん）も1モーラですので，「的（ま・と）」は2モーラ，促音を持つ「マ・ッ・ト」は3モーラ，撥音を持つ「マ・ン・ト」も3モーラになります。

　英語の desk, program, Christmas はいくつの「音のかたまり」に聞こえましたか。desk は母音が1つあり，これを鼻歌で言ってみると，「ん」，つまり，1つの「音のかたまり」から成っています。program と Chistmas は母音が2つあり，鼻歌だと「ん・ん」，つまり，2つの「音のかたまり」から成っています。母音のように目立ってよく聞こえる音を中心にしてできた「音のかたまり」を「**音節**」または「**シラブル**」と言います。英語では syllable ですね。英語の音節の最も基本的な構造は「**子音＋母音＋子音**」，つまり CVC だと言われています。英単語の音節の数を知りたい場合は，その母音の数を数えてみるとよいでしょう。

　音節の数を確認する便利なツールとしては，英語の辞書があります。上記の3つの英単語を辞書で引くと，見出しには次のように表記されています。

desk
pro·gram
Christ·mas

この「・」で分けられているのが音節ですから，desk は 1 音節，program と Christmas は 2 音節の単語であることがわかります。辞書に記載されている発音記号の中の母音の数を数えることによっても音節数は確認できます。

日本語の場合も母音 1 つで 1 音節と考えてよいのですが，前述したように日本語のリズムは仮名文字の数が対応するモーラが基になっています。

おじさん　　は　3 音節（お・じ・さん）で，4 モーラ（お・じ・さ・ん）
おじいさん　は　3 音節（お・じい・さん）で，5 モーラ（お・じ・い・さ・ん）
メロンパン　は　3 音節（メ・ロン・パン）で，5 モーラ（メ・ロ・ン・パ・ン）
チョコレートは　4 音節（チョ・コ・レー・ト）で，5 モーラ
　　　　　　　　（チョ・コ・レ・ー・ト）

冒頭で音声を確認した desk, program, Christmas のように，外来語化した英単語の場合，日本人が発音すると余分な母音を入れて発音するために音節の数を増やして発音してしまうことが非常に多いのです。英語を発音する際には正しい「音のかたまり」の数を意識して，desk は 1 拍，program と Chirstmas は 2 拍で発音できるように練習してください。

（4）アクセントの違い

「音のかたまり」，つまり，「音節」の数の他に，英語を発音する際に特に気をつけるべきこととしては「**アクセント**」（accent）があります。アクセントとは簡単に言えば，音の目立つ度合いのことで，「**強勢**」（stress）と呼ぶ人もいます。日本語と英語とで音節の数が同じ言葉でも，このアクセントの違いが原因で相手に発音が通じない場合があります。次の日本語と英語を聞き比べてみてください。（▶ QR コードで**音声チェック！**）

ポテト　　　　potato
バナナ　　　　banana　　
アメリカ　　　America

「ポテト」と「バナナ」は日本語も英語も 3 音節，「アメリカ」は日本語と英語ともに 4 音節の言葉ですが，日本語と英語の発音とでは，随分と発音が違うことがおわかりですか。日本語は平坦であっさりしているのに対し，英語はかなりおおげさというか，ダイナミックな印象を持たれると思います。

日英の違いがわかるように，音節を「タ」または「タン」で発音してみると次のようになります。

日本語　ポテト　→　po・te・to　（タ・タ・タ）
英語　potato　→　po・**ta**・to　（タ・**タン**・タ）

日本語　アメリカ　→　A・me・ri・ka　（タ・タ・タ・タ）
英語　America　→　A・**mer**・i・ca　（タ・**タン**・タ・タ）

　英語のアクセントは，「強弱」だけでなく，日本語に比べて，**「強く・高く・長く・はっきりと」**発音されています。これは，遠くに友人を見つけた際にその人に対して「おーい！」と大声を出すときのイメージです。喉の奥を広げることで，声の通り道を広げ，肺からの空気を思い切り勢いよく声を長く響かせましょう。このように腹式呼吸で勢いよく，そして「長く」を特に意識して発音しましょう。英語では強弱のメリハリをしっかりとつけて発音することがとても重要なのですが，日本人は弱い部分を十分弱く発音できないために，メリハリをつけた発音になっていないことが多いのです。

　po・ta・to の po- や -to，A・mer・i・ca の A- や -i- や -ca- の音節はすべて**「弱く・低く・短く・あいまいに」**発音しましょう。口元の筋肉を十分にゆるめて，思い切り脱力して発音するようにしてください。

　「強く・高く・長く・はっきりと」発音する音節を**「強音節」**，その反対に**「弱く・低く・短く・あいまいに」**発音する音節を**「弱音節」**と呼びます。本書や付属の映像では強音節を●，弱音節を○で表します。例えば potato には○●○の表記が付されますが，これは potato という単語が 3 つの「音のかたまり」，つまり，3 つの音節から成っており，真ん中の音節を「強く・高く・長く・はっきりと」発音することを示しています。

po・ta・to　→　○●○　（タ・**タン**・タ）

ba・nan・a　→　○●○　（タ・**タン**・タ）

A・mer・i・ca　→　○●○○　（タ・**タン**・タ・タ）

　なお，basketball や Internet，elevator など，音節数が 3 つ以上で，比較的長めの単語は辞書で発音記号を調べるとそれぞれ [bǽskətbɔ̀ːl]，[íntərnèt]，[élɪvèɪtər] のようにアクセント記号が 2 つついていて，最も強

く発音される音節に伴うもの（主強勢）と，その次に強く発音される音節に伴うもの（第2強勢）がある場合があります。厳密には第2強勢を持つ音節と，強勢を持たない弱音節の発音の仕方は当然異なるのですが，本書が想定している読者の方々や，英語を小学校で学ぶ子どもの英語発音においては，とにかく主強勢が十分目立つように発音できるようになることが通じる英語発音を獲得する上での最優先事項であるとの考えから，主強勢のみを●で表示し，第2強勢を持つ音節についても弱音節と同じ○で表すこととします。

bas・ket・ball　→　●○○　（**タン**・タ・タ）

In・ter・net　→　●○○　（**タン**・タ・タ）

el・e・va・tor　→　●○○○　（**タン**・タ・タ・タ）

（5）モーラ拍リズムと強勢拍リズム

これまで単語を例にしてモーラと音節の違いを説明してきましたが，これは文の場合も同様です。

「お名前は何ですか？」という日本語は

お・な・ま・え・は・な・ん・で・す・か
● ● ● ● ● ● ● ● ● ●

のように，仮名1文字を1拍で発音する「**モーラ拍リズム**」となります。機関銃の弾丸が「ダ・ダ・ダ・ダ・ダ・ダ・ダ・ダ・ダ・ダ」のように単調に繰り出される音に似ているので，日本語のリズムはまるで機関銃のリズムのようだという人もいます。英語の **What is your name？** は，それぞれの単語を単体で発音すると，すべて1音節語ですから，次のような発音になります。
（▶ QR コードで音声チェック！）

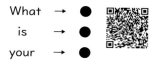

What　→　●
is　→　●
your　→　●

name　→　●

これら1つ1つの単語を足し算して1つの文とし，

What is your name?
● ●　●　　●

のように発音する人がとても多いのですが，これは自然な英語発音ではありません。自然な英語発音では次のようになります。

（▶ QR コードで音声チェック！）

What is your name?
●　○　○　　●

話し言葉として聞き手に伝える必要のあるメッセージ性のあるものを「**内容語**」と言います。それに対して，文法的に必要ですが聞き手に伝わらなくてもいい部分を「**機能語**」と言います。内容語は強く発音され，機能語は弱く発音されるのが一般的です。

内容語	・名詞，動詞（be 動詞は除く），形容詞，副詞 ・what, who, when, where, why, how などの疑問詞 ・「これ」「それ」を意味する this や that ・one, two, three のような数を表す語 ・否定を表す not, don't など
機能語	・be 動詞や can, may などの助動詞 ・a や the のような冠詞 ・in や to のような前置詞 ・I や you や he, she, it のような代名詞 ・and や but のような接続詞など

　What is your name? の発音は日本語文のリズムとはかなり異なります。単純に単語のリズムパターンの足し算をしないことに加えて，英文の発音で気をつけてもらいたいのは，「強い音のかたまり」から次の「強い音のかたまり」までの間の長さをほぼ等間隔にすることを意識して，それぞれの音の長さを調整するということです。What is your name? は内容語が What と name，機能語が is と your ですから，●が2つあります。わかりやすく太鼓の音で表してみると，同じ●であっても What の●は短めに（ドン），name の●は長めに（ド———ン）発音されて，What is your の●○○（ド

ンヵヵ）の長さが name の●（ド───ン）とほぼ同じ長さになるように調整して発音してみてください。弱い音節が○○と２つ続く is your は，思い切り「弱く・低く・短く・あいまいに」発音する必要があります。

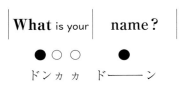

等間隔のリズムを崩さないように●のところで手拍子を打ったり，一歩ずつ歩きながら等間隔のリズムを体で刻んで，そのリズムに英語の音を当てはめていけば，英語らしいリズミカルな文の発音ができるようになります。

　もう１つ別の例で考えてみましょう。

　Let's play a game.（ゲームをやりましょう）

　この文では，内容語が Let's, play, game で，機能語が冠詞 a となります。強音節の３つの●の間が等間隔になるように，●のところで手拍子を打ちながら発音してみましょう。見かけは同じ●が３つありますが，play a と２つの音節●○が入っているところの play は，Let's や game の音節●（ドーン）と比べて，長さが縮められ，●（ドン）となり，play a の●○（ドンヵ）は，Let's の●（ドーン）と game の●（ドーン）とすることで等間隔リズムが生まれます。弱音節の冠詞 a は思い切り「弱く・低く・短く・あいまいに」発音する必要があります。（▶ QR コードで音声チェック！）

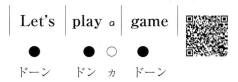

以上見てきたように，英語母語話者は強勢のある部分と強勢のある部分の間隔がほぼ同じになるように発音する傾向があり，これにより生まれる英語特有のリズムを「**強勢拍リズム**」と呼びます。

（6）母音の数

　日本語の母音は,「ア」「イ」「ウ」「エ」「オ」の5つです。「ア・イ・ウ・エ・オ」と, 口の開き具合や舌の位置を強く意識しながら（ゆっくりはっきりと）口にしてみると, 音によってずいぶんと違いがあることに気づくと思います。

　では, 次に「イ・エ」→「イ・ア」→「イ・エ」→「イ・ア」と交互に言ってみてください。そうすると「エ」を言うときよりも「ア」を言ったときのほうが, 口の開き具合が大きいことがわかると思います。別の見方をすれば,「エ」を言うときよりも「ア」を言ったときのほうが, 舌の高さが低いことになります。舌の高さについては,「イ・エ・ア」と連続で言えば感じられるように「イ」を言うときが一番高いですね。

　同様に「ウ・オ」→「ウ・ア」→「ウ・オ」→「ウ・ア」と交互に言ってみてください。そうすると「オ」を言うときよりも「ア」を言ったときのほうが, 口の開き具合が大きいことがわかると思います。つまり,「オ」を言うときよりも「ア」を言ったときのほうが, 舌の高さが低いことになります。舌の高さについては,「ウ・オ・ア」→「ウ・オ・ア」→「ウ・オ・ア」と連続で言ってみると感じられるように「ウ」を言うときが一番高いのです。

　次に, 舌の位置を強く意識しながら, ゆっくりはっきりと「イ・ウ」→「イ・ウ」→「イ・ウ」と口に出してみましょう。舌が前後に動き,「イ」では舌の前の部分が,「ウ」では舌の後ろの部分が使われていることが感覚としてつかめるかと思います。同様に「エ・オ」→「エ・オ」→「エ・オ」と言ってみると, やはり舌が前後に動き,「エ」では舌の前の部分が,「オ」では舌の後ろの部分が使われていると実感できるはずです。

　このように日本語の母音は, 舌の高さや前後の位置を変えたりすることで5つの母音を区別されるように発音しています。また,「オ」を発音するときには唇の形を丸めています。

　母音が5つしかない日本語に対し, 英語には, 数え方にもよりますが, 20種類以上の母音があると言われています。英語にこれだけ多くの母音があるということは, 日本語の5つの母音を発音する時以上に, 舌や唇の動きを微妙に調整する必要があるということになります。英語の母音を発音する際には, 口の開き具合や舌の高さや前後の動きに加えて, 唇の形を丸くとがらせたり, 横に引っ張ったようになったりして口の周りの筋肉を緊張させるなど, 日本語を話している時にはまったく意識していなかったさまざまな動きをし

ないといけないのです。しかし，母音が5つしかない日本人は，英語の母音の微妙な調整ができず，自分の母語である日本語にある音に置き換えた発音をしてしまうのです。例えば，英語の［æ］，［ɑ］，［ʌ］，［ə］はすべて異なる母音ですが，日本人英語学習者が発音しようとするとどうしても日本語母音の「ア」のように発音してしまいます。英語の母音が日本人にとって非常に難しいのはこのためです（詳細は p. 37 の⑥「母音の指導ポイント」参照）。

（7）子音の数

次に子音を見ていきましょう。日本語には，数え方にもよりますが，基本的なものとしては15個ほどの子音があるとも言われていますが，英語はもっと多く，24個も子音があります。以下の図ではそれぞれの音を出す場所（調音位置）とどのような仕方で息を出すか（調音方法）で子音が分類されています。

調音位置 調音方法	上唇と下唇	上歯と下唇	歯の間と舌先	舌先と歯ぐき	舌の前部分と歯ぐき	舌の奥の部分と上あごの奥の部分	喉にある声門
破裂音	p b			t d		k ɡ	
摩擦音		f v	θ ð	s z	ʃ ʒ		h
破擦音					tʃ dʒ		
鼻音	m			n		ŋ	
側音				l			
半母音	w			r	j		

（原岡笙子著『CD とイラストで楽しく学ぶやさしい英語の発音』p. 102 を参考に改編）

これらのうち，日本語にはない以下の子音を発音する際は特に注意しましょう。

　　　　［f］　［v］　［θ］　［ð］　［ʃ］　［ʒ］　［l］　［r］（※IPA では［ɹ］だが本書では［r］で表記する）

本書では日本語にないこれらの子音を正確に発音できるようになるために，こういった子音を含んだ英単語の発音練習にも取り組んでいきます（ただし，［θ］［ð］はあえて取り扱っていません。p. 28・p. 33 参照）。また，日本人の子

どもは，以下の英語の音を区別して発音するのが特に苦手とされています。

[l] と [r]，[b] と [v]，[h] と [f]，[s] と [ʃ]，[z] と [dʒ]，
[n] と [m]

　子どもたちに英語の指導をされる先生方もこれらの音を正確に発音し分けられるようにしっかりと練習をしておきましょう。(pp. 28～40 参照)
　英語の子音の表では1つのセルの中に以下のような2つの発音記号が入っていますね。

[p] と [b]，[t] と [d]，[k] と [g]，[f] と [v]
[θ] と [ð]，[s] と [z]，[ʃ] と [ʒ]，[tʃ] と [dʒ]

　左ページの表で同じセルに入っているということは，これらのペアになっている音は「調音位置」も「調音方法」も同じ音だということになります。例えば，[p] も [b] も発音の際には「上唇と下唇」を閉じて音を出す構えを作りますし，調音方法としては「破裂」，つまり，その両唇を閉じたことで息を止め，そのたまった息を一気に吐き出す（あたかも膨らませたチューインガムが破裂するかのような）仕方となるのです。別の例で [s] と [z] は，調音位置が「舌先と歯ぐき」で共通しています。舌先を上の歯ぐきに接近させて狭いすき間を作り，ここで音を出すのです。調音方法は，その狭いすき間から肺からの空気を「摩擦」させて出します。
　では，[p] と [b] や [s] と [z] のペアになっている2つの音は，何が違うのでしょう。それは，「**無声音**」なのか「**有声音**」なのかという違いです。「無声」とは声の音源となる声帯の振動がない状態，「有声」とは声帯の振動がある状態のことですが，このように言われてもピンとこないと思いますので，実際に音を出しながら確認してみましょう。一番違いがわかりやすいのが /s/ と /z/ のペアですので，まずは /s/ の音を出してみてください。舌先を上の歯ぐきに思い切り接近させ，すごく狭いすき間を作りましょう。そして，その狭いすき間から息を強く，かつ，長く吐いてみてください。そうするとガス漏れのような「ス———」という擦れる音が連続して出るはずです。これが /s/ の音です。今度は喉に自分の片手をあてた状態で，再度 /s/ を発音してみましょう。/s/ の音を出しても，手には何も感じられないと思います。では，喉に自分の片手をあてた状態のまま，/s/ の音を出す要領で今度は息だけでなく，声を出してみてください。そうすると喉が小刻み

にふるえ，「ズ───」と言う /z/ の音が出てきます。/z/ のように，有声音は発音するときに，喉に手をあててみると声帯のふるえを感じることができます。無声音の場合は，喉に手をあててもふるえは感じられないはずです。

　/p/ と /b/ の場合は，破裂音が出るのが一瞬の出来事なので，喉に手をあてても，違いが /s/ と /z/ ほどにはわかりやすくないと思いますが，それでも，喉にあてた手に意識を集中しながら，実際に /p/ と /b/ を交互に発音してみると，/b/ を発音する際にふるえを感じることができるはずです。

　14 ページの英語の子音の表で 1 つのセルの中に 2 つの発音記号が入っている場合は，左側の音が無声音で，右側の音が有声音です。ぜひ，喉に手をあてたまま，何度か交互に発音をして，無声と有声の違いを体感してください。

喉に手をあてて交互に発音してみましょう

2　英語の音声の特徴

(1) 英語の音声の構成

　英語の音声は，母音と子音からなる「**分節音（音素）**」と，一つ一つの分節音を越えたところに存在する大きな単位としての「**超分節音**」の 2 つに大きく分かれます。「**超分節音**」は「**アクセント〈強勢〉**」，「**ピッチ**」，「**リズム**」，「**イントネーション**」などからなり，「**プロソディ**」と呼ばれることもあります。

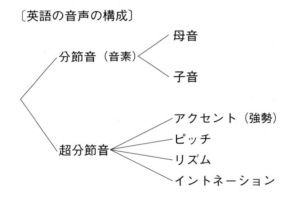

〔英語の音声の構成〕

　英語の「母音」や「子音」の基本については，前節でお話しましたので，ここでは「アクセント」「ピッチ」「リズム」「イントネーション」について，手短に確認します。英語の **potato** が　po・**ta**・to（タ・**タン**・タ）のように発音されるのは，2 つ目の音節 –ta– にアクセント（強勢）があるからです。また，この強音節の部分は「強く・高く・長く・はっきりと」発音するのでしたね。「ピッチ」というのは，私たち人間が知覚する主観的な音の高さで，話し言葉というのは，必ず音の高低を伴います。そして，po・**ta**・to の例からわかるように，一般に強く発音される音節は高いピッチで言われるのです。反対に po– や –to のように弱く発音される音節は低いピッチとなります。

　Let's play a game.（ゲームをやりましょう）の発音のコツは覚えていますか。この表現は 4 つの音節からなる文で，強音節の 3 つの●の間がなるべく等間隔になるように，●のところで手拍子を打ちながら発音すると英語らし

い「強勢拍リズム」で発音ができるのでしたね。「リズム」というのは，話し言葉で，他の部分よりも目立って聞こえる音節が規則的に繰り返される音声的な刺激のことです。（▶ QR コードで音声チェック！）

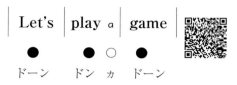

Let's	play a	game
●	● ○	●
ドーン	ドン ァ	ドーン

「イントネーション」というのは，音節よりも大きな単位で話すときに音程を高くしたり，低くしたりするパターンのことです。**Let's play a game.** のような命令文や，**I like English.** のような平叙文，**What is your name？** のような疑問詞で始まる Wh 疑問文は，一般に文の最後で音程を下げて発音されます。それに対し，**Do you have any questions？** のような Yes/No 疑問文は，一般に上げ調子のイントネーションとなります。（▶ QR コードで音声チェック！）

I like English. ↘
Do you like English？ ↗
What subject do you like？ ↘

(2) 強形と弱形

前節では英語特有のリズムについて簡単に触れ，英文を発音する際は意味内容を伝える「内容語」の部分は強く，反対に「機能語」と呼ばれている単

	強形	弱形
can	kæn	kən
from	frɑm	frəm
me	miː	mɪ
you	juː	jə
your	jʊɚ	jɚ
that	ðæt	ðət
and	ænd	ən

語は普通，弱く発音されることを紹介しました。しかし，文脈によっては，この機能語も実は強く発音する場合もあり，強く発音されたときの発音を「**強形**」，弱く発音されたときの発音を「**弱形**」と呼んでいます。前頁下に少しだけ例を示します。（▶ QR コードで音声チェック！）

　次の会話を聞いてみてください。その際，下線部の from の発音の仕方に注意を向けてください。（▶ QR コードで音声チェック！）

　　A：Where are you <u>from</u>?
　　B：I'm <u>from</u> Osaka.

　同じ from でも発音の違いに気づきましたか。A のほうの from は本来 from の後ろにあるはずの地名が Wh 疑問文を作るために where として移動し，from だけが文末に残ったものですが，このような場合，from ははっきりと発音される，つまり，強形の［frɑm］となるのです。それに対して，B のほうの from は前節で解説したように「弱く・低く・短く・あいまいに」発音される，つまり弱形の［frəm］となります。

　別の例も聞いてみましょう。（▶ QR コードで音声チェック！）

　　C：I don't like English. What about <u>you</u>?
　　D：I like it.

　　E：See <u>you</u> tomorrow. Bye.
　　F：See <u>you</u>.

　C のセリフでは「自分は英語が嫌いだけど，あなたは？」と，自分に対する相手である you を強調することでコントラストをつけています。こういった場合，you は強形の［juː］になります。それに対し，E と F の会話では単に別れの挨拶を述べていて you を特に強調する必要がありませんので，どちらの you も弱形の［jə］で発音されます。

　子どもたちに単語カードやピクチャーカードなどを用いて発音練習をさせる場面で，can や from などを文脈から切り離して単体でリスト学習のように発音する場合は，強形だけで発音させることが多いと思いますが，実際にこういった語が文中で使われる場合は，通常は強勢を伴わない弱形で発音されることが非常に多く，上記のようなある一定の条件下でのみ強形で発音されるということをぜひ頭に入れておいてください。弱形での発音になれてく

ると，英語の聞き取りもかなり楽になるはずです。

　弱形の発音では，「あいまい母音」または「シュワ」（schwa）と呼ばれる母音がたくさん出てきます。発音記号では［ə］で，口をあまり開けずに力を抜いたままで出す音です。日本語の「あ」と「う」の中間のようなこもったような音になります。日本人はどうしても口を開け過ぎて発音する人が多いので，口を半開きにして，思い切り脱力したまま，ぼんやりと出す音だということを意識しましょう。このあいまい母音は，機能語の弱形の他にもいたるところで耳にする音です。内容語であっても，アクセントのない音節の母音はこの「あいまい母音」となることが非常に多いのです。前節で例に挙げた，次の３つの単語の発音記号を見てみましょう。

potato	[pətéɪtoʊ]	○●○
banana	[bənǽnə]	○●○
America	[əmérɪkə]	○●○○

　○で表された「弱く・低く・短く・あいまいに」発音する弱音節の多くの母音が「あいまい母音」になっていることがわかりますね。「あいまい母音」は日本語にはない音ですから，何度も何度も練習をして，その発音を身につけましょう。思い切り脱力して発音するというのがポイントです。

3　子どもへの音声指導法

　1で取り上げた日本語と英語の違いについて，日本語を母語とする子ども
に理解してもらい，英語音声の聞き取りや発音ができるように指導していく
ためには，先生方はどんなことに留意すればいいのでしょうか？　自分の英
語発音に自信がないから指導ができないと思わないでください。先生自身が
英語音声の仕組みがわかる，聞き取りが以前よりわかるようになる，発音の
コツがわかるようになるという「学び」の姿勢を子どもに見せるという心が
けが大切です。このセクションでは，英語を初めて学ぶ日本語を母語とする
子どもへの英語音声指導法や指導の留意点を紹介します。

　諸外国の英語授業に比べ，日本の子どもは普段の生活の中で英語に十分浸
る時間はあまりありません。ですから，学校の外国語授業が果たすべき役割
は大きいと言えます。小学校英語が外国語科として教科になり，高学年では
従来の「聞く・話す」に，「読む・書く」の言語活動が加わりました。その
ため，指導に対して不安を感じたり，自信のない先生が多くいると思います。
子どもが外国語を話し，読み書きの能力（リテラシー）をつけていくために
は，十分な音声指導を実施していくことが必須です。音声指導によって子ど
もは次第に英語の音（音素）や英語らしいプロソディ（リズムなど）の特徴
を認識し，英語の音を聞いて対応する文字を認識できるようになります。文
字を認識するためには，並行してアルファベット文字の指導をしていく必要
があります。学童期の外国語授業では，どこまでが音声指導，どこからが文
字指導という明確な線引きをすることはなく，ふんだんな音声活動の中で対
応する文字がわかるようになるように指導していきます。毎授業中の10〜
15分の帯活動や明示的な音声指導の体制ができてくると，検定教科書に頻
出する単語を使用して応用ができるなど，先生の指導技術にますます磨きが
かかると思います。ここでご紹介する音声指導法は，音声から文字に接続す
ることができるよう，主に高学年を対象としていますが，低学年や中学年で
も音素認識や音節認識を高めるヒントがつまっています。

　なお，ここでご紹介する指導法に対応する実践活動は，第3章で紹介しま
す。動画で使用している絵カード（p. 149掲載のQRコードでダウンロードで
きます）やワークシートを授業で是非活用してください。

＊＊子どもには「音素」という言葉が難しいため，基本的に「音」という言葉を使って指導
していきます。

(1) 韻（ライム）・音節・音韻（オンセット＆ライム）・音素のレベルを捉えよう！

　英語を初めて学校で習う子どもに，音声指導をするといっても漠然として難しいですね。そこでまず，英語圏の子どもに歌われている "Humpty Dumpty" の「ライム（rhyme）表現」を使ってここで取り扱う**韻・音節・音韻（オンセット＆ライム）・音素**のレベルを説明していきます。

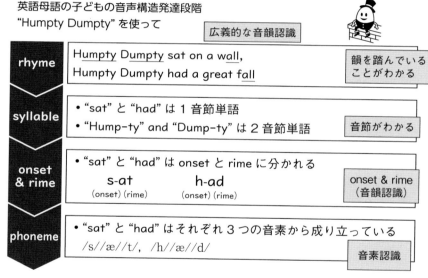

図1. 英語音声の構造

　「ライム表現」とは，韻を踏んでいる表現です。日本語の詩も韻を踏むものが多いように，英語が母語の子どもが慣れ親しんでいるマザーグースや手遊び歌のほとんどは韻を踏んでいるものが多く，子どもは歌や絵本の読み聞かせの中で聞いたり，真似て歌ったりして「ライム表現」に慣れ親しんでいきます。1つの単語の中には1つまたは複数の音節（シラブル）があり，音節はさらに音素という最小単位の音に分解されます。例えば，**mat** は1音節で，さらに /m//æ//t/ と3つの音素から成り立っています。1音節には1つの母音が含まれるので，例えば，**rabbit** は [ræb] と [bit] の2音節か

ら構成されています。

　"Humpty Dumpty" に何度も触れていくうちに，英語圏の子どもは歌詞の中に同じ音の固まりがあることに何となく気付きます。"Humpty, Dumpty" や wall, fall は単語の頭の音（以降，頭音と表示します）が変わるだけで，後の部分は同じですね。これが**ライム**（rhyme）のレベルで，韻を踏んでいることがわかります。

　韻を踏んでいる単語の wall, fall はそれぞれ 1 つの音の固まりで，Humpty, Dumpty はそれぞれ 2 つの固まりに聞き取れます。手を叩いてみるとわかりますね。Humpty はタンタンと 2 拍打てます。これが**音節**（シラブル）のレベルで，Humpty は 2 音節となります。

　次に，1 音節単語，例えば sat という単語は，頭音つまりオンセット（onset）の s と –at のライム（rime）の部分に分かれます。この部分が日本人にとっては，日本語のモーラの影響から明示的に指導されないとわかりづらい**オンセット＆ライム**という関係です。

　そして，sat は，さらに，/s//æ//t/ と 3 つの音素から成り立っていることがわかります。これが音素のレベルです。英語圏の子どもは図 1 のように，ライム⇒音節（シラブル）⇒オンセット＆ライム⇒音素の順番で発達していくと言われています。

　日本語母語の子どもに英語の音声を指導する場合，絵本や歌を使って英語音声全体に触れていくのと同時に，英語の音素には日本語にはないものが多く含まれるので**音素認識**やその発音を指導すること，単語内の構造を理解する**音韻認識能力**を育てるためにオンセット＆ライムや音節を指導していくことが必要です。

　ここでは，音素認識，音素の発音指導，オンセット＆ライム，音節についての指導法や，音声全体の指導法としてチャンツや歌，さらに文字と結びつけるフォニックスの指導法を理解していきましょう。指導する際の具体的な留意点や指導計画も紹介します。

A.　音素認識能力（Phonemic awareness）

　「音韻認識」と広義的に同意義で使用されることもありますが，ここでは，英語の最小単位の音（音素）を認識できる能力を「**音素認識能力**」と呼ぶことにします。具体的には，以下のように 6 種類の活動をすることで音素認識能力を高めていきます。本書の動画では，Part 2 と Part 3 において，単語

の頭音がわかることで，音素認識能力を高めていきます。

表1. 音素認識を高める活動の種類

音素認識能力を高める活動の種類	定義	活動例
① 音素の特定	単語の個々の音素を認識できる能力。単語の頭音や終わりの音を認識できる。	bat の頭音は /b/，終わりの音は /t/。アルファベットジングル実施後にできる活動。
② 仲間の音素の認識	単語群の中で共通の音素を認識できる。	bike, boy, bell の共通する頭音の /b/ を認識できる。
③ 仲間外れの音素の特定	単語群の中で異なる音素を特定できる能力。	bus, bun, rug の中で rug だけ頭音が異なることがわかる。
④ 音の引き算	ある単語から1つの音素を取り除くと別の単語であることがわかる能力。	smile から頭音の /s/ を取ると mile になることがわかる。
⑤ セグメンテーション（音素へ分解）	単語を音素レベルに分解する能力。	bat には3つの音素 /b//æ//t/ があるとわかる。
⑥ ブレンディング（音素の融合）	単語を構成する音素を1つずつ聞いて何の単語になるかがわかる能力。	/b//æ//t/ と個々に聞いて bat とわかる。

(Ehri & Nunes, 2002, pp. 111-112) より改編

　これらの6つの能力は，英語を母語とする国々の子どもは，就学前の幼稚園頃から明示的に指導を受けて能力を向上させていきます。日本の小学校でこの活動を取り入れる場合，低学年や中学年では絵カードを使って（文字を表示する必要はありません），楽しく「音遊び」をしながらこの能力を育てていきます。高学年では，日本語能力がほぼ完成し，英語の音声や読み書きに日本語が影響するので，中学進学までに明示的に指導することで，音素に対応する文字がわかる力を育成していく必要があります。音素認識自体は，英語音素がわかる能力を指しますので，文字の理解とは別にして考えます。しかしながら，日本の小学生にとって日本語の書記法と全く異なる英語アルファベット文字に親しむ機会は多くはありません。したがって，高学年では音声情報だけでなく，文字が視覚情報として子どもの理解を促進し，記憶に結びつきやすいという考え方から，高学年の音声指導では文字を添えた方がよ

いという肯定的な指導が主流となってきました。また，音声指導に読み書き
の機会を取り入れることで，ローマ字との違いにも気付くことができます。
音素認識能力を高める活動や文字と結びつける活動は本章や第 3 章で紹介し
ていきますので，参考にしてください。

　ところでこれらの活動はどのような順番で指導していけばいいのでしょ
う？　英語を母語とする子どもと全く同じ順番で同じように教えてよいかと
いうと，残念ながらそのようにはいきません。日本語母語の子どもが英語母
語の子どもと同じ順序で指導されても，うまくいかないことに留意してくだ
さい。「**1**日本語と英語の音声の違い」で説明しましたが，日本人にとって
は特に，英語の母音の判別や発音が最も難しいので，表 1 内のブレンディン
グの活動はなかなかできません。まず，日頃の音声活動（例. アルファベッ
トジングル）の中で，**音素の特定**，**仲間の音素の認識**，**仲間外れの音素の認
識**を高める活動を行いながら，子音の音素がわかる能力を高めていきます。
そして，徐々に**セグメンテーション（音素へ分解）**や**音の引き算**の活動も取
り入れます。日本の児童にとって母音がわかるようになるのは相当な時間を
要します。ここで母音が難しい例を見てみましょう。（▶ QR コードで**音声
チェック！**）

表2. 「ア」と代替される英語母音の例

英単語	発音	日本語の発音
cap （帽子）	[æ]	
cup （カップ）	[ʌ]	ア
cop （警察）	[ɑ]	

　3 つの単語の発音は，日本人にはすべて「カップ」と聞こえます。真ん中
の母音は，英語ではそれぞれ異なるのに，日本語にない発音があるために全
て「ア」で置き換えられてしまいます。まだ子音の判別も難しいレベルであ
れば，この 3 つの単語の区別はつきません。そのため，ブレンディング（音
素の融合）の活動として ALT の先生に cap の単語の 1 つ 1 つの音素を順番
に [k] ⇒ [æ] ⇒ [p] のように発音してもらったとしても，子どもは cap
なのか cup なのかよくわからず混乱します。それよりもまず，cap の頭音
は [k]，終わりの音は [p] とわかるようになる，つまり，音素の特定がで
きるようになることが先決です。そして，子音の明示的な指導を継続して行

っていくうちに，単語の中の音素を分解できる**セグメンテーション能力**が次第に高まります。ブレンディング以外の活動は，1年〜1年半かけて授業の中で徐々に育成していきます。音―文字一致認識能力（音素を聞いて文字がわかる力）も向上している6年生2学期または後期からブレンディングの活動が取れ入れられるとよいと思います。つまり，**セグメンテーションからブレンディングへ**指導の流れを進めていくということです。音素認識について指導の導入時期については本章 p. 63 に示しましたので，参考にしてください。

B. 明示的な音素の発音指導と指導順序

　3・4年生で英語音声に慣れ親しんだ子どもは，高学年では慣れ親しんだ音声を次第に自らも発声できる，少しでも目標表現を自発的に言えるようになりたいと思うようになります。その新たな目標を達成できるよう，先生は指導や手助けをしてあげる必要があります。これは先生が「正しい発音をしなくてはならない」という意味ではありません。小学校の先生は，英語の指導者というよりも，ALT や本書のような動画などの助けを借りながら，英語音素やリズムについて気付きを促していく促進者として，発音の仕組みを明示的に解説したり，子どもが活動の中で発音できる機会を増やし，先生自身も一緒に学習している姿を見せていくことが子どもの励みになります。アルファベットジングルなどの実践活動を通じて音素認識の指導が進んできたところで，「聞いてわかる」から，「発音できる」力を育てていくために，明示的な発音指導を始めます。5年生の4月の時点でアルファベットジングルを開始した場合，目安として2学期または後期に入って，聞いて認識できるようになった音素を体系的に整理して，子ども自らも正しく発音できるようになることが狙いです。

　子ども自身が音素を発音できるようになることは，英語が話せるようになるための第一歩として自信につながります。子どもが発音をまだうまくできなくても，コミュニケーション活動の中で目標表現や頻出単語の英語音声に触れさせていくことはとても大事です。並行して，音声の細かい部分である音素について聞いてわかるようになる音素認識と音素の発音を指導していきます。発音が次第にできるようになることにより，音素認識能力も向上します。それではどの音素から指導すればいいのでしょうか？　本章**1**の解説にあった通り，日本人にとって英語母音は判別も発音も大変難しいのです。子

音の種類の中でも，日本語にないので聞こえづらかったり，発音しづらいものがあります。また，日本語の子音は母音とくっついていく性質があるのに対して，英語の子音は母音とくっついていかない場合が多く，子音だけで聞くことに日本人は慣れていません。しかし，聞き取りのポイントがわかってくると発音もできるようになってきます。

　これまで筆者（河合）が日本の小学校現場で音素認識や発音の指導を実施し，検証を重ねてきた結果，以下のような順序で発音を指導すると，子どもの音素認識や発音能力が向上することがわかってきました。ここでは，高学年向きに種類別の音素の明示的指導を3回分を1クール（授業の中で音声指導の活動帯15分を3回分が目安）としてご紹介します。子どもの理解度に応じて，回数や時間を調整してください。また，中学年でも指導が可能です。

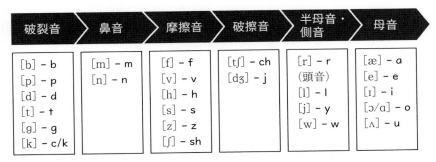

図2.　英語音素の明示的な指導順序：子音から母音へ

（左の［　］は発音記号，右は対応する文字を表します。）

〔日本語を母語とする子どもへの音素指導順序の根拠〕

➤英語母音は日本語母音よりたくさんあって，「ア」と代替する母音だけでも何個もあるので，真ん中の母音の判別がつけづらい。子音の聞き取りや発音ができるようになって，ようやく真ん中の母音の判別ができるようになる。

➤聞こえづらいとされる子音の破裂音は，両唇を使って発音する［p］［b］，舌と歯茎に接触させるような［t］［d］など，口形を見せれば比較的音が出しやすい。

➤破裂音や鼻音の音が出せるようになると，聞こえづらい摩擦音や破擦音の紛らわしい組み合わせを判別できるようになることで，発音指導もできるようになる。

➤高学年では，初級レベル指導の音素の発音が対応するアルファベット文字として認識しやすい。

　＊鼻音の［ŋ］は頭音になれないのでまだ指導しません。
　＊th の発音［ð］［θ］は，摩擦音の指導が十分にされ，上記の判別ができるようになってから，子どもの理解度に応じて導入していきます。動画第8回 Part 3 では thin を rime の –in が理解できるように導入しています。

◆音素の発音指導方法

　音素の発音を指導する上で，音素単独で発音しても子どもにはピンときません。絵カードを使って，単語の頭音の音ということがわかるように発音指導していきますので，単語の頭音が各音素で始まる絵カードを用意しておきましょう。ここでは例として，破裂音の6音（［b］［p］［d］［t］［g］［k］）を使って，発音指導の流れ，指導ポイント，留意点を紹介します。その他の種類の音素については，指導のポイントを紹介します。

　まずは3つの Step に沿って，指導の流れをつかみましょう。

Step 1 明示的指導1回目：どんな音が出ているか認識させていく指導

① 破裂音の場合，6つの音素の絵カードを音素別にまとめておきます。破裂音を頭音に持つ初級レベルの単語を表3にまとめました。アルファベットジングルが終わったら，目標音素の絵カードをまとめて持って（発音するのは ALT でも担任の先生でもかまいません）「さあ，今日は何の音でしょう？　どんどん絵カードを発音していきますから，単語の頭の音がわかったところで手を挙げてください。」と言って，先生はフラッシュカード式でどんどん発音していきます。

② 何枚か発音したところで，挙手した子どもに音（音素）を答えてもらいます。高学年の場合は，対応する文字を指してもらいます。このとき，**音**は "sound"（サウンド），対応する**文字**は "letter"（レター）という言葉を使って，区別するようにしていきます。子どもは何度も聞いているうちに，サウンドとレターの区別の意図がわかるようになります。答えが出たところで，図3のように対応する文字を黒板の一番上に貼り，その下に絵カードを貼って，子どもの視線が絵カードと文字の両方に行くように黒板に貼っていきます。このとき，アルファベット表も必ず貼ってください。

③ 子どもに絵カードの発音を全て繰り返させます。目標音素を意識して発音するように促しましょう。2回目の授業以降は，積極的に手を挙げられ

ない子どもに対して「あれ，まだ手を挙げていない子がいるね。もうちょっと発音してみるよ。」と言って，残りのカードをどんどん発音していきながら，挙手を促すようにします。また，ある程度の人数の手が挙がるまで，先生は絵カードを発音し続けることも，自信がない子どもに積極性を促す効果があります。

表 3.　破裂音を頭音に持つ初級レベル単語（絵カード掲載単語）

b [b]	baby, bag, ball, banana, band, bar, bat（野球バット）, bat（こうもり）, beach, beads, bear, bed, bee, bicycle, big, bird, boat, book, box, boy, bread, bug, bun, bus, butterfly,（brown, blue, black）
p [p]	pan, panda, pants, park, peach, peanut, pear, peas, pen, pencil, penguin, piano, pie, pig, pin,（pink）, pizza, pocket, pork, potato,（purple）
d [d]	dad, dark, date, desk, dice, dish, dog, doll, dolphin, donut, door, dragon, dress, drink, drum, duck
t [t]	tail, tall, taxi, tea, telephone, television, ten, tent, tie, tiger, tomato, tooth, top, towel, toys, train, tree, triangle, truck, two
g [g]	game, gate, girl, glass, gloves, goat, goose, gorilla, grapes, grass,（green）, guitar, gun
c/k [k]	cake, can, candy, cap, car, carrot, cat, clock, coat, comb, computer, cook, cookie, corn, cow, crab, crayon, cup, kangaroo, key, king, kite, kitten

＊ [k] の発音にはアルファベット文字の q も含まれますが，quiet, quail, queen など，q [k] の後に [w] を伴って [kw] となるため，この指導からは外してあります。

＊（　）の色の単語は QR コードにはありませんので，お手持ちのカードをお使い下さい。

Step 2　明示的指導 2 回目：音素の特徴についてまとめる指導

① アルファベットジングルが終わったら，目標音素の特徴を教える指導に移ります。前回どんな音が出ているか認識させていく指導をしたので，目標音素の特徴を尋ねたり，対応する文字を黒板に貼って，特徴についてまとめていきます。先生は文字をすぐに貼らないで，「頭の音に対応する文字は何？」と子どもに尋ねて，反応を見て子どもの理解度を把握するようにしてください。指導ポイントについては次のセクションの各音素の〈指導ポイント〉を参照してください。

② 指導 1 回目と同様に，黒板に絵カードや対応する文字を図 3 のように貼

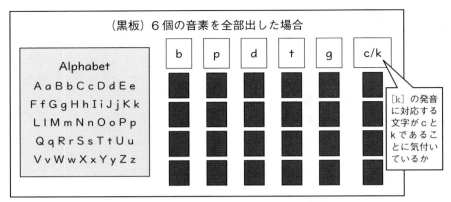

（黒板）６個の音素を全部出した場合

| b | p | d | t | g | c/k |

Alphabet
AaBbCcDdEe
FfGgHhIiJjKk
LlMmNnOoPp
QqRrSsTtUu
VvWwXxYyZz

［k］の発音に対応する文字がcとkであることに気付いているか

図3. 黒板展開図：破裂音を黒板に貼ったところ。左にはアルファベット表を貼る。

ってから，目標音素や頭音を持つ絵カードの単語を繰り返して発音します。

Step 3 明示的指導３回目：ワークシートを用いて対応する文字を認識し，書く活動

① 授業前に本書付録の**音素認識文字対応ワークシート**より該当ページを子どもの人数分コピーして下さい。アルファベットジングルが終わったら，目標音素の対応文字を黒板に貼っていきます。破裂音の場合は，アルファベット文字カードから **b, p, d, t, g, c/k** のカードを貼ります。ワークシートにはアルファベット表は含まれていませんので，黒板にはアルファベット表も必ず貼ってください。ワークシートを配布する前に，「この文字の音は何？」と聞いて，目標音素が言えるかどうか確認しておきましょう。本書の付録ワークシートは子音の場合は，単語の頭音または語末音を答える問題にしてあります。

② ワークシートを配布します。先生は，「順番通りには発音しません。どれが発音されるかわかりませんから，よく先生の口形を見て，聞いて，該当する単語の頭の音に対応する文字を黒板に貼ってあるアルファベット表から選んで丁寧に文字を書きましょう。」と子どもに指示します。このとき，全員が静かにして，顔を上げて先生の口形を集中して見るまでは問題を始めないでください。このような聞き取りのタスクでは，教室内がし〜んと静まった状態で，子どもが集中して先生の**顔を見る**⇒**聞く**⇒**書く**という習慣をつけましょう。文字の認識や書きが苦手な子どもには，「黒板のアルファベット表を見ていいからね。」と，安心感を与えてください。発音に

自信のない先生は，ALT に発音してもらい，先生は机間指導に回っていただき，子どもがつまずきやすい問題はないか観察してください。

③ 問題が終了したら，答え合わせをしましょう。黒板には文字カードが貼ってあるので，答えの文字を指しながら，ワークシートの左上の問題から順に子どもに答えを尋ねながら，ゆっくりと答え合わせをします。子どもには自己採点（赤丸をつけていく）をしてもらいましょう。高学年の場合は，子ども自身が評価をする時間を持つことが授業終了時の振り返りにつながります。全て答え合わせをしたら，ワークシートの単語を全員で発音してみましょう。書いた文字と音を接続でき，発音につながることで，子どもの音素や対応する文字への理解がより促進していきます。

④ ワークシートは先生が回収する，あるいは，子ども自身がファイリングすることによって，先生の評価や子どもの振り返りに活用してください。

＊付録１には，以下のようなバリエーションがありますので，授業内容の目的に応じてご使用ください。
- 破裂音１
- 破裂音２（食べ物編）
- 鼻音
- 摩擦音１
- 摩擦音２
- 摩擦音３
- 破擦音
- 半母音・側音
- 母音１（単語の頭の母音）
- 母音２（真ん中の母音）

ワークシート例

◆音素別指導ポイント

以上のような指導の流れを把握したら，各音素にはそれぞれの特徴があるので，音素ごとの指導ポイントをつかんでみましょう。子どもがその音素の特徴をより理解しやすくなることでしょう。

① 破裂音の指導ポイント

破裂音は６音（[b] [p] [d] [t] [g] [k]）を指導します。一度にこの６音を全て出すか，有声音と無声音の組み合わせ（1. [b] [p]，2. [d] [t]，3.

［g］［k］）の１組ずつにするかは，授業計画の中で充てられる時間次第で決めてください。ただし，１音ずつにしてしまうと，体系を教えることから逸れるため，あまりおすすめできません。１回目：［b］［p］，２回目：［d］［t］，３回目：［g］［k］のように３回に分けて指導した場合は，４回目で６個の音素を全て挙げてまとめる機会を設けましょう。図３（p. 30）のように黒板に音素に対応する絵カードを貼ってから，「この６個の音ってどんな発音？」と聞いてみましょう。あるいは，１回目の導入で６個全部を挙げて子どもの反応を見てみることも可能です。筆者（河合）は６個全部いっぺんに示してみて，「どんな特徴を持つ音なの？」と聞いたところ，かなり多くの子どもが挙手をし，「破裂するような音」と言えていました。それまでの音素認識活動の中で「どんな音に聞こえる？　［p］の音は両方の唇を使って息をためて勢いよくプッと出してごらん。そう。爆発させる感じ」というような先生とのやり取りを通して，子どもは先生の言葉をしっかり聞いて，真似をすることで音素の特徴をつかみ，また，よく記憶していたようでした。［g］［k］の組み合わせは，喉に手を当てて発音すると「グッ」と喉が動く感じを体感させましょう。このように体感させること，感覚を使って指導することは，様々な子どもが在籍している通常学級の中で必要な指導方法と考えられます。

　破裂音は「破裂」という名前がついているように，特に頭音では破裂させて余韻が残らないので，聞き取りに困難のある子どもや後方に座っている子どもにとっては，聞こえづらい音素です。先生の発音を聞かせる時には，全員が集中して「見る」「聞く」の傾聴姿勢を徹底させましょう。

② **鼻音の指導ポイント**

　［m］［n］［ŋ］のうち，［ŋ］は頭音にはありませんので，初級レベルとしてはまず［m］［n］を指導していきます。鼻音の指導は，なんといっても，鼻から抜ける音であることを体感させることが大切です。表４の単語を絵カードを使って一通り発音したら，［m］だけ，［n］だけ，ゆっくり発音させ，「音がどこから出ているかわかるかな？」と尋ねてみてください。「鼻から抜ける感じがする。」と発言してくれる子どもがいるといいですが，誰も発言しないようであれば，「じゃあ，鼻をつまんでもう１回発音してみよう。」と，鼻をつまむように指示してください。「あれ，言えないね。ということは，この２つの音は，鼻から抜けていく音だね。漢字を見て（漢字を黒板に書く）。これらの音は鼻音（びおん）と呼んでいます。」のように説明してください。漢字を書

いた方が鼻から出ている音だということを理解しやすいようです。

表 4.　鼻音を頭音に持つ初級レベル単語（絵カード掲載単語）

m [m]	man, map, mat, men, milk, mitten, mom, (mother), monkey, moon, mop, mouse, mouth, mug
n [n]	nail, name, nap, neck, nest, net, newt, night, noodles, nose, notebook, nut

③ 摩擦音の指導ポイント

摩擦音は，文字に対応している音素（[f] [v] [h] [s] [z]）に，[s] と，紛らわしく判別しづらい sh [ʃ] を加えて，6 個の音素（[f] [v] [h] [s] [z] [ʃ]）で指導します。摩擦音には表 5 以外にも th の綴りで，"mother" のような濁る有声音の [ð] と，"teeth, Thursday" のような無声音の [θ] がありますが，初級レベルの児童には難しいです。まず，これらの 6 個の音素の聞き分けや発音が次第にできるようになってくると，指導していない th の聞き取りもできるようになってきます。破裂音と同様，摩擦音は非常に聞き取りづらい音素なので，聞き取りや発音指導の際は，特に静かな環境になるように児童に注意喚起してください。

破裂音の指導と同様に，「摩擦」という言葉は高学年の子どもには理解できますので，「摩擦音」という言葉を一緒に教えた方が高学年の子どもの音素に対する理解が進むと考えます。初めての指導の際に，筆者（河合）がよく例にとって説明するのが，snake の話です。snake が地面を這う音は英語では "hiss" で，特に語尾の "ss" という音は，英語圏の人にとってはものが擦れる不快な音だそうです。確かに [s] [s] [s] [s] と繰り返していると，歯の間から息が擦れるように出てきます。『ハリー・ポッター』のお話に登場する「スリザリン寮」の象徴は snake です。人が嫌がるようなイメージが s 音にはあるようですね。[s] [s] [s] [s] と発音したり，snake の例を説明しながら，この感覚を子どもにも味わってもらいます。

摩擦音は難しいので，次ページの表 5 のように 2 つのグループ（① [f] [v] [h]，② [s] [z] [ʃ]）に分けて指導するといいでしょう。グループ①では判別しづらいペアの聞き取りクイズを入れると効果的です。[f] の発音は日本語ではしばしば [h] に置き換えられます。coffee が「コーヒー」になるように，fat と hat で聞き間違いが生じます。同様に，[v] の発音は日本

表5. 摩擦音を頭音に持つ初級レベル単語 (絵カード掲載単語)

①	f [f]	fan, farmer, fat, fig, fins, fish, flag, flippers, floor, flower, foot, fork, fox, frog, fun
	v [v]	van, vase, vest, vet, violin
	h [h]	ham, hamburger, hammer, hamster, hand, harp, hat, head, heart, hen, horse, hot dog, house
②	s [s]	sad, salmon, sand, school, seal, seed, sing, sky, snail, snake, snow, soap, socks, soup, spoon, spider, sponge, stamp, star, strawberry, summer, sun
	z [z]	zebra, zipper, zoo
	sh [ʃ]	shark, sheep, ship, shoes

語にないので，[b] に置き換えられてしまいます。しかし，口形を「見る」傾聴姿勢が徹底していれば，子どもは十分聞き分けができます。この「見る」指導は授業全体に波及しているはずなので，検定教科書の目標表現のようなフレーズや文章のリスニングにおいても，聴覚情報だけでなく，視覚情報にも注意を払うようになります。best と vest の聞き分けが最初は難しくても，ジェスチャーを交えて "Do your best on your test."（テストでベストを尽くしなさい），"He is wearing a green vest today."（彼は今日緑色のベストを着ています）とヒントを言うと，子どもはどちらの単語のことを言われているのか理解できます。音素だけの判別では難しい場合に，このように文脈を与えて意味づけをしていくようなヒントの出し方をします。

　グループ②では，[s] と [ʃ] の発音が紛らわしく，聞こえが正常な子どもには聞き間違えはあまり起こりませんが，聞こえが悪い子どもにとっては判別しづらいペアです。[s] の後に [iː] や [ɪ] と続く seal（アザラシ），seed（植物の種），sing などを使って，seal が外来語の「シール」，seed が「シード」，sing が「シング」とならないように，外来語と比べながら発音の違いを認識させましょう。アルファベット文字の c や sea は，日本人英語学習者の多くが she の発音に陥りがちです。逆に she の発音を sea で発音してしまう学習者もいます。she は検定教科書で頻出しますから，発音をマスターできると，よりコミュニケーション活動にも自信が持てるようになります。早口言葉の She sells seashells by the seashore.（彼女が海岸で貝を売っています）は先生にとっても，子どもにとっても難しいですが，[s] と

［ʃ］の発音トレーニングとして挑戦する価値があります。

She sells seashells by the seashore.（ QR コードで音声チェック！）

④ 破擦音の指導ポイント

　破擦音は，有声音の［dʒ］と無声音の［tʃ］があります。初級レベルでは，［dʒ］に対応するアルファベット文字は j，［tʃ］に対応するのは ch です。表6にあるように，初級レベルの子どもにも親しみのある単語が多いので，アルファベットジングルに含めています。［dʒ］の発音はアルファベット文字【名前】の g もありますね。アルファベットの発音練習の際は，g を z と混同して発音していないか，子どもの発音をチェックしてください。この破擦音も摩擦音と同様，聞こえづらい子どもにとっては，聞き取りも発音も困難な音素です。聞き取りやすい環境作りをしましょう。動画の第6回 Part 2 で jam，第7回で chair を使って解説していますので参照してください。**音素認識文字対応ワークシート**では，絵カード以外の単語も扱っていますので，応用として活用してください。

表6. 破擦音を頭音に持つ初級レベル単語（絵カード掲載単語）

ch［tʃ］	chair, chalk, cheese, cherries
j［dʒ］	jacket, jam, jar, jet, jump

注. giraffe（キリン）の頭音の発音も［dʒ］となります。

⑤ 半母音・側音の指導ポイント

　[w] [r] [j] は半母音，[l] は側音と呼ばれています。3つの半母音は有声音で子音ですが，母音に似た特性を持ち，発音する際に舌の動きが移動していくので「移行音」とか，「わたり音」とも呼ばれています。一方，[l] は，舌の両側から息が口の両側（サイド）に出ていくように発音します。

　[l] は，単語の語尾の位置ではあまり聞こえません。そのため，初級レベルの子どもにはまず，アルファベットジングルの中で，l の文字対応を指導していくので頭音で指導します。[l] は何と言っても [r] との区別が難しいです。[r] の発音は，聞こえづらい児童には，ほとんど聞こえない，または母音の [u] に聞こえてしまうようです。[l] [r] の指導は発音指導よりも，まず，何度も聞き取りクイズをして判別できるようになることが肝心です。明示的な指導を一度したからもう指導しないというのではなく，[l] [r] の判別は，とにかくことあるごとに判別クイズをして子どもの耳を段々と慣らしていくような長期的な構えが必要です。成人学習者でもなかなかマスターできないほど発音は難しいので，初級レベルでは発音できるようになることよりも，発音練習をすることによって，判別できるようになることを狙いとしています。絵カードには [l] [r] の判別問題ができるように lake と rake（表7）がありますので，聞き取り活動として頻繁に取り上げてみてください。活動方法は，第3章 pp. 166～167 で紹介していますので，参照してください。

　y の文字で発音する音素は [j] で示されます。アルファベットの j と混同しないようにしましょう。you なら「ユ」と聞こえますが，yes, yellow では「イ」と聞こえます。y の綴りを持たない music, computer のような単語の方が [j] の発音がわかりやすいかもしれません。

　w [w] は，ウと混同しないように，しっかり唇を丸めてお腹の中から力を入れると，舌の後ろ側が上あごの奥の部分の方に上がっていきます。発音

表7. 半母音・側音を頭音に持つ初級レベル単語（絵カード掲載単語）

r [r]	rabbit, radio, rain, rainbow, rake, rat, red, rice, ring, robot, rock, rocket, rooster, rug, ruler, run
l [l]	lake, lamb, lamp, leaf, lemon, library, light, lion, log
y [j]	yard, yellow, yogurt, yoyo
w [w]	wagon, wall, watch, water, wet, wig, window, wolf

だけでなく，子どもはuと表記しやすいので，ゆっくり大袈裟に日本語の
ウと違うことがわかるように発音してみてください。

⑥ 母音の指導ポイント

　聞き取りも発音も難しい母音については，子どもが子音の発音を大体理解
し，聞き取りや発音能力が上がってきたと，先生自身が認識されるようにな
った時点で，徐々に導入し，時間をかけて指導していきます。英語母音には
表8の単母音以外に，単母音 [ə]，長母音 [iː] [uː]，二重母音 [aɪ] [eɪ]
[aʊ] [oʊ] [ɔɪ]，三重母音などありますが，初級レベルの子どもが最初に学
習する英語母音としては，本格的なフォニックス学習前に，アルファベット
文字への対応が理解しやすいという観点から，5つの基本母音をまず導入し
ていきます。　基本母音とは，アルファベットジングルに含まれる単母音
（短く発音する母音）a [æ], e [e], i [ɪ], o [ɑ(ɔ)], u [ʌ] を指します。しか
し，この5つ同士の判別は大変難しいのです。[æ]，[e]，[ɑ(ɔ)]，[ʌ] は日
本語「ア」に代替され，[æ]，[e] は「エ」と聞こえたり「ア」と聞こえた
り，[ɪ] や [e] の区別もどちらかが「イ」のようにも「エ」のようにも聞
こえてきます。明示的に指導する前に，cap/cup, mat/met, map/mop など，
聞き取りクイズをしてみてください。恐らく全滅です。英語圏にしばらく住
んでいたとか，英語を学校以外で小さい頃から何年も習っているといった子
どもだけが正解かもしれません。先生自身も動画を視聴したり，ALT に発
音してもらいながら，指導前に何度も聞き取ってみましょう。

◆母音の指導の流れ

① 子どもは，毎授業のアルファベットジングルで頭音を確認したり，子音
　の明示的な発音指導を経ているので，音声に対する理解や聴解能力がかな
　り成長しているはずです。指導前にまずは英語の【音】について子どもが
　どんなことを気付いてくれるのか，特に，アルファベット文字の【名前】
　と【音】の関係についての気付きを尋ねてみてください。例えば，アルフ
　ァベット表を見せながら「今までたくさんの英語の音を習ってきたけど，
　まだ教わっていないのはどれだっけ？」と尋ね，子どもから a など母音
　の【名前】が挙がったところで，「それらはどういう音？」と聞いて「母
　音」という言葉を引き出す，または教えていきます。

② 高学年の場合，「母音」や「子音」という言葉を使った方が子どもの理解

表8. 母音を頭音に持つ初級レベル単語（絵カード掲載単語）
（発音順に並べ直したもの，カタカナ表記は日本語の母音を示します）
（▶ QR コードで左欄の母音の音声チェック！）

発音していく順番 口が横に広がる ↓ 上下に広く広がる ↓ 口を丸めて軽く開く	i [ɪ]	igloo, iguana, ink	イより横に引っ張った感じを示すために，ほっぺたをつねって横に引っ張りながらイーと伸ばしてから急に音を止めてみると，[ɪ] の発音に近い音が出ます。
	e [e]	egg, elbows, elephant, elf	舌を中くらいの高さにして，口を少し横に引っ張り気味にしてエよりはっきり言うように発音してみましょう。
	a [æ]	alligator, apple, ant	アと言ってみて，次にエと言ってみます。その2つの中間の口の開け方でやや両手でほっぺたをつねって横に引っ張りながらアとエの中間の音を出してみましょう（そうするとほっぺたの筋肉が横にピンとしているのがわかります。この筋肉の緊張は，日本語の発音ではありえません）。
	o [ɑ/ɔ]	octopus, omelet, orange, otter, ox	大きく口を開けて，アよりも舌を少し後ろに動かして，口の中の舌がよく見えるようにして発音すると [ɑ] になり，オに近いアで発音するとイギリス発音の [ɔ] になります。アメリカ人でも [ɔ] の発音になる傾向があり，この2つの母音は通常1つの母音として扱います。[ɔ] は唇を丸めてみてください。
	u [ʌ]	up, umbrella	アより口を閉じ気味にして，舌は中くらいの高さにして軽く発音してみてください。口の開け方に注意して cap（横に広がる）⇒カップ（上下で広く開く）⇒（口を小さく，あまり開かないようにして）cup と発音してみましょう。口の大きさが変化したのがわかるでしょうか？

注. 本書では発音記号 [i] と [ɪ] を区別し，[iː] と表記して長母音を示す（検定教科書に準ずる）。

が促進します。(日本語発音でいいので), 先生が大きな声で, 「ア・イ・ウ・エ・オって何?　どういう音?」と尋ねてみます。そして, 頭音が母音で始まる単語のアルファベット文字の a/e/i/o/u に着目させます。そうすると, i の文字で igloo, iguana, ink のように [ɪ] で発音する単語と, ice cream のように [aɪ] という二重母音で発音する単語があるということを指摘してくれる子どもがいることでしょう。親しみやすい単語を使って, 頭音に母音を持つ単語を発音してみましょう。「日本語にない発音ということは, 口の開け方も違うということだね。だから, 先生 (またはALT の先生) の発音する口や舌の動かし方をよく見ようね。」と, 口形に視線を集中させるように注意喚起します。

③ 下記の順序で 5 つの母音 ([ɪ] [e] [æ] [ɑ(ɔ)] [ʌ]) を指導していきます。舌の高さや口の開け方がポイントです。

1. [ɪ] ⇒ [e] ⇒ [æ] ⇒ [ɑ(ɔ)] ⇒ [ʌ] の順番で発音していき, 口の形や舌の高さの変化などを大袈裟に見せます。(▶ QR コードで**音声チェック**！)

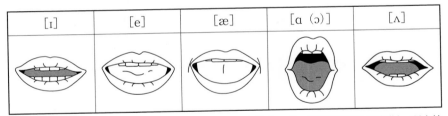

[ɪ]	[e]	[æ]	[ɑ (ɔ)]	[ʌ]

片山嘉雄・長瀬慶來・上斗晶代　著　『英語音声学の基礎』　研究社

2. どんな風に口が変化していったのか子どもに尋ねてみましょう。

3. 絵カードの単語を使って, 個々の母音の音を発音しては真似をさせます。表 8 の発音ポイントを話しながら, ほっぺたをつねったり, 口の広がり方 (日本語にない横の広がり方を特に大袈裟に), 舌の動かし方を見せるなど, 視覚的に提示することが大切です。

4. 個々の音素を複数回発音しながら真似をさせ, 5 個の音素を表の順番で発音していきます。

5. ここまでで子どもが理解できているようでしたら, 文字との関係に触れていきます。例えば「軽く発音する [ʌ] って, アルファベット文字は u だね。」など, 子どもにも尋ねてみましょう (ただし, [ʌ] の発音で

<u>onion</u> のように例外があります）。

6. 次の授業から真ん中の母音に気付けるか，map-mop, cap-cup, bag-bug など紛らわしい単語の絵カードを使って「どっちを発音しているでしょう？」クイズをしてください。また，ship と sheep のように，長母音と単母音の判別もやってみましょう。紛らわしい単語ペアリストは pp.166〜167 で紹介しています。

7. 1つ1つの音素をつなげて単語を作る**ブレンディング**（例えば，[b]，[æ]，[t] と発音して bat という単語を作る音素認識活動）に挑戦してみましょう。紛らわしい母音同士を対比させて発音のコツを教えていくうちに，なかなか発音できなくても，判別することができるようになってきます。目安としては，6年生の後半です。pp. 23〜26 を再度ご一読いただき，ブレンディングの意義を確認してください。また，ブレンディングの具体的な活動は第3章 p. 164 で紹介していますので参照してください。ブレンディングの活動に慣れてきたら，付録のワークシート（pp. 190〜191）にも挑戦してみましょう。ワークシートは，頭音を認識する問題と真ん中の母音を認識する問題に分かれています。

日本人学習者にとって，英語の母音の聞き取りや発音は英語音素の中で一番難しいと言えます。しかし，英語の子音の聞き取りや発音の能力が向上してくることによって，母音を次第に意識できるようになっていますので，母音を指導する前に十分に子音を指導するかしないかでは，音素を判別する力が格段に異なることを高学年を指導するたびに実感しています。先生が実感するだけでなく，子どもの振り返りやリスニングテストの結果にも現れてきますので，子音の後に母音という長期的なスタンスで指導していきましょう。5年生で子音の明示的な指導を始めた場合，6年生の2学期頃（前期の後半）でオンセット＆ライムの指導と合わせて，母音を明示的に教えられるように長期計画を立てていきましょう。本章の最後（p. 63）に計画の目安を紹介しています。

C. 音韻認識：オンセット＆ライムの明示的な指導

音韻認識能力とは，話し言葉の中の音の構造に気付いたり，操作できる能力を指します。英語の最小の「音」の単位である音素がわかるようになる音素認識能力も，音韻認識能力の1つですが，ここでは音素のレベルを超えた音節や単語構造がわかるようになる力として説明し，音素認識とは区別して

扱うこととします。本書では，**音節とオンセット＆ライム**がわかるようにな
ることによって音韻認識能力の向上を目指します。

　本書動画では，**Part 3** で音節内部構造であるオンセット＆ライムの関係
がわかるようになることを目指しています。日本人は日本語モーラの影響を
受けるので，このオンセット＆ライムの関係は明示的に習わないと身に付け
ることができません。英語学習の最初の段階では，１音節単語の構造がオン
セットとライムの部分から成り立っていることを明示的に学習していくこと
が必要です。音素認識能力が向上すると，例えば，mat という単語には，
/m//æ//t/ と３つの音素があることがわかります。次に，mat の構造は，
m というオンセットの部分と at というライムの部分があるということを指
導するのがオンセット＆ライムの活動です。小学校の先生を対象とした教員
研修で mat を１カ所区切って下さいという問題を出すと，ほとんどの先生
は，下の図４の左側のように ma と t で日本語モーラで分けられるようです。
子どもも教わらなければ同様に区切ると思います。音素認識能力が高まって
きたら，このオンセット＆ライムを先生ご自身がまず理解し，指導方法をぜ
ひともマスターしましょう。

日本人の単語内の区切りの感覚	英語母語話者の単語内の区切りの感覚
ma-t 日本語の感覚で「マ」でひとかたまりと感じています。	m-at 　　└─ライム（rime，韻を意味する rhyme ではないので注意） オンセット（onset）

図 4.　単語内の区切りの感覚の違い

　子どもは，このオンセットとライムの関係性がわかるようになると，「ラ
イム（rime）が -at の単語は何？」と尋ねると，bat, cat, fat, hat, mat, rat
などたくさんの単語を言ってくれるようになります。これらの単語を並べる
と，韻を踏んでいる（rhyme）ということもわかるようになります。

　英語が母語の子どもは，幼い頃からマザーグースなどの手遊び歌や童謡を
通じて韻を踏む表現に触れることでオンセット＆ライムの関係に慣れ親しみ，
次第に音節をさらに分ける能力を発達させていくと考えられています。モー
ラという単位で音節を切り分けている日本語とは異なる特徴です。何度も繰
り返しますが，日本の子どもに英語音声指導をしていくためには，このオン

セット＆ライムを明示的に指導する必要があります。音素認識能力やアルファベット文字が音素に対応している（音—文字一致認識能力）ことへの理解が高まってきたと思われる時期が指導のタイミングに最適です。オンセット＆ライムの指導は低学年や中学年でもできますが，本書では，特に思考・認知の高い高学年の子ども向けに，中学英語への接続としての指導，読みや書きの指導との統合的，かつ明示的に指導する方法として紹介します。5年生から音素認識活動を始めた場合は，5年生の3学期後半や6年生になってからオンセット＆ライムの指導を開始しましょう。それまでにアルファベット文字の指導も十分になされ，初級レベルの音素（p.27の図2を参照）に対応する文字がわかる程度になっていることが，指導開始の目安です。低学年や中学年では，明示的でなくとも，韻を踏んでいる手遊び歌，絵本を使って，英語音声のシャワーを浴びさせていきます。その場合は，文字を見せる必要もありませんが，かといって，見せてはいけないということでもありません。予算等の事情から1年生〜6年生まで英語教材を統一する必要がある場合は，

表9. 本書で扱っているオンセット＆ライム
（アミカケ部は動画のPart3で扱います。▶ QRコードで音声チェック！）

rime	単語例	rime	単語例
-at	bat-mat-rat-cat-fat-hat	-op	mop-top-hop-stop
-ig	big-pig-fig-wig	-ish	dish-fish-wish
-an	pan-man-fan-van	-ark	park-dark-shark
-en	pen-men-ten-hen	-og	dog-log-frog
-un	gun-fun-sun-run	-ake	cake-lake-rake-snake
-ox	ox-box-fox	-ice	dice-mice-rice-slice
-in	pin-fin-thin-spin	-oat	boat-goat-coat
-ink	ink-pink-drink	-ap	map-nap-cap
-all	ball-tall-wall-small	-ad	dad-sad
-et	net-jet-wet-vet	-ock	sock-rock-clock
-ug	bug-mug-rug	-ar	bar-jar-car-star

注. rimeの表記はあくまで一般的な綴りで表記したものです。

絵カードに単語綴りが入っているものを使用してかまいません。低学年やアルファベットが導入される中学年でも，音声指導中にアルファベット文字に触れていくことは，子どもの文字への興味関心を高めることにつながります。

◪指導方法

　子どもにオンセット＆ライムの関係を気付かせる指導をご紹介します。動画第 1 〜 2 回で扱っている -at の絵カード 6 枚（bat, cat, fat, hat, mat, rat）を使って説明します。本書の動画を活用しなくても，絵カードだけを使って指導することもできます。第 3 章では，その他の実践活動を紹介しています。

Step 1 明示的指導 1 回目：絵カードの絵の方だけを見せて，発音させる

　このとき，まだ裏側の綴りの方は見せません。「これらの単語で共通することは何？」と尋ねてみましょう。この時点では，「終わりの音の t が共通しています。」のような発言をしてしまう子どももいます。

　もう 1 回全員で発音してみましょう。そうすると今度は，「初めの音以外が共通です。」（発音に自信がなさそうに）「at の部分が同じです。」などと発言する子どもがいることでしょう。あるいは，誰も発言しないような場合は，先生がうまく答えを誘導してかまいません。下の黒板展開図を参考になさってください。

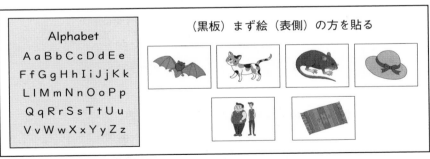

Step 1. 黒板展開図：発音しながら貼り，共通性を尋ねる

　発言できた子どもには，「すごいね！　そうだね，正解 !!　単語の頭の音以外は共通しているね。」のように発言を褒めてあげてください。この時点で，まだ質問の意図が理解できなかった子どももいると思いますので，もう 1 回みんなで発音して子ども全員が納得できたところで，「それでは，共通する -at って，文字はわかりますか？」と聞いてみます。「a と t」と言える

子どもがいるかもしれません。しかし，真ん中の母音が曖昧なので，「e と t」と言ってしまう子どももいると思います。この段階では，1音節の単語に1つ切れ目を入れるとすると，どこで切れるか理解でき，さらに頭の音を変えると別の単語になるということが理解できればよしとします。

Step 2 絵カードをひっくり返す

　共通する -at がわかったところで，先生は「そうだね。どの単語も頭の音以外は -at, -at, -at, -at, -at, -at で同じだね。」と言いながら，個々の絵カードをひっくり返し，綴りの方を表にして黒板に貼っていきます。そして，頭音の子音を隠して，1枚ずつ子どもと一緒に「-at, -at, -at, -at, -at, -at」と発音しながら，理解が十分でない子どもに視覚保障をすることで理解を促していきます。綴りを見せながら単語全部を再度発音しましょう。その際ランダムに指して発音することで，単語全体を見て単語を認識する力も高まってきます。

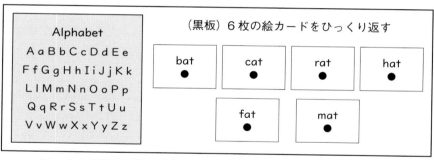

Step 2 の黒板展開図：裏側の綴りの方を表にしながら発音していく

Step 3 チャンツでライムが言えるように挑戦してみる

　動画 Part 3 の中で取り扱った単語を使ってライム表現を指導します。チャンツを使った指導法は pp. 170〜171 をご参照ください。-at のライムを紹介します。（▶ QR コードで音声チェック！）

　　　A cat in the hat,
　　　A cat on the mat,
　　　A fat cat on the mat,
　　　A fat rat under the mat ...

A cat in the hat.　　A cat on the mat.　　A fat cat on the mat.
A fat rat under the mat.

　Step 2 で裏側にしていた絵カードを Step 1 のように表側のイラストにします。先生はライムを口ずさみながら絵カードを動かしていきます。"A cat in the hat" の部分は帽子の絵カードを逆さまにして，その上に猫の絵カードを置いて，帽子に猫が入っているように見せます。もし，動作をしながらライムを表現することが難しい場合は，ALT に言ってもらいながら，先生が絵カードを動かしていき，ALT が言ってから先生がわざと間違えて猫の上に帽子を置いてみてください。「先生違います。帽子は下で，猫は帽子の中だよ。」と児童が言ってくれたら，きちんと意味を理解しながら聞いているということです。猫は今度はマットの上，太った猫がマットの上，太ったラットがマットの下，とリズミカルに早いテンポで言いながら絵を動かしていきます。内容の面白さに児童はゲラゲラと笑い出します。bat や rat を用いてライムの続きを自由に作ってみるのも一案です。

　「じゃあ，みんなも一緒に言ってみよう。」と言ってゆっくりリズムを取りながら，1 フレーズずつ繰り返して真似をさせていきます。英語がスラスラと言えるとかっこいいと思っている子どもは，ノリノリでリズミカルに繰り返して練習してくれます。チャンツのリズムで発声する行為は，記憶にも保持されやすく，子どもの英語音声に対する聞き取り能力も発音する能力も向上することが期待できます。また，ライム表現にはストーリー性があるので，子どもは意味を理解でき，チャンツで練習することで，英語特有のリズムや強勢も習得することができます。思春期の入り口にいる高学年の子どもは，元気よく体を動かしながら英語の歌を歌うことは恥ずかしがるようになりますが，ビートを使ったチャンツになると楽しそうにやってくれます。まだ自発的に自由に英語で表現することが難しくても，ライム表現や早口言葉が言えるようになることが自信となり，単元中の表現を発表することも積極的に取り組めるようになります。また，子ども自身がこの発音は言えたけど，こちらの単語の発音はまだ言えないなど，自己のパフォーマンスについての気付きが深まるようになります。子どもの振り返りを読むと，「単語だけの発

音は言えたのに，チャンツになると難しくて言えないところがあった。ALT の先生のように言えるようになりたい。」のような前向きなコメントがたくさん書いてあります。先生は，このような振り返りを評価に活用することができます。

Step 4 オンセット＆ライムと読み書き指導の連携

　付録のワークシートを用いて，聞いた音素に対応する文字を書いていく活動です。頭音を変えて発音すると，子どもは対応する文字を下のアルファベット表から選んで空欄に書いていきます。このワークシートに慣れるまでは，1問1問子どもが頭音に対応する文字を書けているかどうか確認して下さい。以下にワークシートの活用方法を示します。

◪オンセット＆ライムワークシート1 (-at, p. 192) の場合

1. ①の bat は既に表記してあります。先生は「イラストの単語のどれかを発音します。単語の頭の音のアルファベット文字を空欄に書いてください。アルファベットは下のアルファベット表から選んで正しく丁寧に書きましょう。」と指示してください。

2. ②番以降の出題順番はどうしたらよいでしょう？　**明示的な音素の発音指導と指導順序（破裂音⇒鼻音⇒摩擦音⇒破擦音⇒半母音・側音⇒母音）** を思い出してください。発音する単語の順番は，視覚的に口形や唇，舌の動きからわかりやすい頭音から始め，段々聞きづらい音へと，出題の難度をアップさせていきます。綴りが迷う単語（[k] を表す c か k で始まる単語）は，最も間違えやすいのでチャレンジ問題とします。例えば，下のワークシートでは，子どもが意味を知っていることから cat を最初の方で出題したくなりますが，綴りの観点から最後に持って行きます。

　出題の順序は，bat ⇒ mat ⇒ hat ⇒ fat ⇒ rat ⇒ cat とします。hat と fat はどちらが先にきてもかまいません。

　授業計画により，Step 1 と Step 2 を1回の授業で実施することが難しい場合は，2回に分けて指導することが可能です。また，授業の進度や子どもの理解度に応じて，Step 3 を省略することは可能ですが，オンセット＆ライムの関係が理解できるようになった子どもが韻を踏む表現を自ら言えるようになることによって，より理解が促進され，発話の流暢性の発達を促すこ

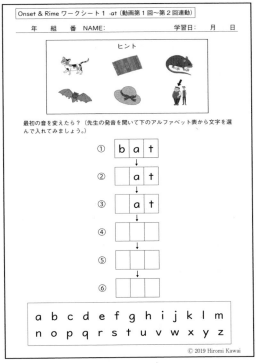

オンセット＆ライムワークシート 1 （-at, p. 192）

とにつながり，そのことによって自信にもつながります。このことは，教科
書単元の会話表現の流暢性にもつながる訓練となります。さらに，**Step 4**
では，オンセット＆ライムのワークシートを用いることで，音声に対応する
文字の書き指導に発展できます。

D. 音韻認識：音節の明示的な指導

　音節については第 1 章 pp. 6〜8 で説明していますので，ここでは初級レ
ベルの子どもへの指導のポイントを説明します。
　高学年の検定教科書には，月の名前，国の名前，職業など複数音節単語
（綴りが長い単語）が頻出します。会話を楽しむ以前に，多くの子どもが複数
音節単語の発音で苦戦しているのをよく見かけます。英語の最小単位である
音素を認識する力が向上しても，発音や文がすぐに流暢に言えるようになる
ということにはなりません。英語が母語の子どもは，単語内にいくつかたま
りがあるのかがわかる「音節セグメンテーション」，音節を足して単語にな

ることがわかる「音節ブレンディング」の方が，音節を音素に区切ったり，音素を足していく能力より先に発達していきます。日本人学習者の場合は，日本語モーラ（pp. 6〜8 を参照）の影響を強く受けるので，音素認識と並行して，音素を超えるレベルのオンセット＆ライムや音節についての明示的な学習が必要なのです。

音節ブレンディング（音節の足し算）

kan＋ga＋roo ⇒ kangaroo

音節セグメンテーション（音節の区切り）

kangaroo は ⇒ 👏 👏 👏 　　答えは 3 音節

　本書の動画では，Part 4 で音節を足して単語にする「音節ブレンディング」，Part 5 で単語を区切っていく「音節セグメンテーション」を，毎回 3 つずつの単語を使って楽しめるように構成しました。動画視聴の後は，検定教科書の単元の頻出単語や第 3 章 p. 177 にある複数音節単語リストから数語ずつ選んで，授業内でさらに音節ブレンディングやセグメンテーションを取り入れると，より一層，子どもの音節に対する理解が深まります。第 3 章では活動例を紹介していますので，ぜひ活用してください。

　授業で Part 5 の音節セグメンテーションを取り入れる場合は，時間を決めて（5 分程度），複数音節単語を少しスピードを上げて発音します。子どもは，1 度目は静かに聞き，先生が「せ〜の」とか「1, 2」と音頭を取って子どもに手を叩いてもらいます。

◆指導のポイント

　音節レベルの場合は，ブレンディングとセグメンテーションの指導順序は特にありませんが，子どもの様子を見ていると，単語の音節数を手を叩いて答える「音節セグメンテーション」の活動が大変盛り上がるようです。このとき，何となくみんなに合わせて手を叩いているだけで，意識が散漫になっている子どもを見かけます。やっている意味を確認して，意識を集中するよ

うにご指導ください。そういう意味では，だらだらと長い時間ではなく，5分程度で良いと思います。時々，1音節単語も取り入れましょう。本当にわかっていれば，1拍だけ叩くはずです。

　支援を必要とする子どものうち，聞こえづらい子どもにとっては，手を叩くことによって先生の発音や掛け声が聞き取りづらくなるようです。そばに支援の先生や支援員がいらっしゃるようなら，その日の授業で使用する単語を打ち合わせておき，子どもの耳元で一緒に発音してもらいましょう。また，他の子どものクラッピングの音に先生の発音がかき消されてしまうようですので，支援の先生は発音しながら，その子どもの肩や机をトントンと叩いて，ビートを感じさせることによって，音節リズムの理解を促すことができます。ALT の先生が発音を担当する場合は，担任の先生がその補助を行ってください。

E.　英語らしい音声に慣れ親しむこと

① チャンツ

　「チャンツ」とは，元々は単調なリズムが繰り返されるメロディを持つ教会の聖歌などを意味しますが，英語教育で使われている「チャンツ」は，単語，フレーズ，文をリズミカルに発音していくことで，自然に英語独特のリズムやアクセントを習得できるようにする指導方法です。タッピング（げんこつを作って机でトントンとリズムをとること）をしたり，キーボードのリズム機能を使用して，楽しく学習できることから，英語リズムを習得できるだけでなく，初級レベルの子どもの英語学習への意欲が高まる効果が期待できます。また，小学校の通常学級の1クラスは人数が多く，個別の発音指導がなかなかできないので，発音繰り返しの練習に効果的だと言われています。思春期直前の高学年では，メロディーのついた歌を人前で元気よく歌うことが恥ずかしくなり，抵抗を持つ子どもが増えてくる一方で，洋楽やJポップなど様々なビートの入った音楽に興味を持ち始めるようになる年頃でもあります。キーボードのリズム機能の中で，目標表現に合うビートを，導入では遅めの設定にして，徐々に慣れてきたらアップテンポにして，自然な会話のスピードに近づけて練習することが可能です。「チャンツ」と言えば，開発者であるキャロリン・グラハムが1970年代頃より日本の英語学習者にジャズのビートを使って紹介して以来，「ジャズチャンツ」として広く普及しています。スウィングと呼ばれるジャズリズムの特徴は，「タータ」と最初

の拍が間延びするような独特のリズムにあります。このリズムが英語の強音節の母音部分が強くはっきり聞こえる特徴と合致する傾向にあるので，自然な英語の口語体を習得する上で，スウィングのリズムがよく使われています。（ QR コードで音声チェック！）

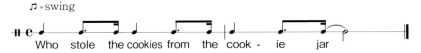

♩=swing

Who stole the cookies from the cook - ie jar

　有名なライム表現の "Who stole the cookies from the cookie jar?" は，スウィングのタータのターと伸ばす拍と強音節の "Who", "stole", "cookies", "cookie", "jar" がぴったりとはまってきます。しかしながら，日本の子どもは，日常生活の中でジャズに慣れ親しむ環境にはなく，初めて導入する場合は違和感を感じてしまい，裏拍に乗り切れないこともあります。したがって，チャンツが必ずしも「ジャズスウィング」である必要はありません。強いビートと強音節の位置が合えば，学習者が普段聞いていて馴染みやすいリズムの方が使いやすいと考えます。また，子どもは，学校環境では音楽の授業や，朝の時間，体育の時間に，2ビート（マーチ）や4ビートなどの曲がかかり，自然と音楽リズムに浸っているので，チャンツを導入すると，すぐに慣れて元気よく練習してくれます。pp. 44～46でオンセット＆ライムの指導の一環としてチャンツでライム表現を練習することを紹介しました。第3章では，動画で使用したオンセット＆ライムの単語を使ったライム表現を紹介していますので，チャンツで導入してみましょう（pp. 170～172）。

◆指導方法

　pp. 44～46の -at を使ったライム表現をタッピングしながら口ずさんでみましょう。

　タッピングの打点と強く発音される部分（強音節の強勢位置）が合うようにします。1フレーズが4拍と捉えて，太字のところがタッピング（手を叩いたとき）の打点と合うようにします。A や the は強く発音されませんので，弱く速く発音すると，4拍子の中で英語らしいチャンツに聞こえます。最初はゆっくりめにタッピングしてください。徐々にテンポを上げることによって，流暢になっていきます。

♩	♩	♩	♩
A c**a**t	**i**n the	h**a**t,	
A c**a**t	**o**n the	m**a**t,	
A f**a**t	c**a**t	**o**n the	m**a**t,
A f**a**t	r**a**t	**u**nder the	m**a**t.

◆指導のポイント

　子どもの感性を活用しましょう。好奇心旺盛な低学年や中学年では，視覚（絵カードなど）や聴覚に加え，触覚的感覚（身体を使う）を刺激してあげることで，英語学習への嗜好性も高まり，チャンツや歌を聴きながら体を自然に動かします。高学年では一緒にタッピングすることで，リズムの中で英語の表現を捉えられるようになります。

　全部の目標表現をチャンツにする必要はありません。1つの授業の中で使用教材のバランスを考えましょう。チャンツばかりしていることも良くありません。また，高学年の目標表現では，チャンツにしてしまうと，かえって自然な口語体リズムが損なわれる場合もあります。文レベルで活用する際は，強音節位置とタッピングの打点が合うように特に注意しましょう。

② 歌

　英語独特の音やリズムに慣れ親しむために，低学年や中学年では外国語活動にマザーグースや英語圏の子どもの手遊び歌などをふんだんに取り入れましょう。児童英語向けの様々な歌がありますが，英語の歌の詩には「韻を踏む」特徴があるので，単語や意味がわからなくても，なんとなく，同じ音が繰り返されていることを子どもに触れさせていくことが大変重要です。本書付属の絵カードを使って，歌で頻出する単語を教えることも，英語の音素認識や音韻認識の力を育むことにつながります。次ページの表10に，小学校低学年や中学年で，音声指導に取り入れやすい歌や手遊び歌を挙げました。歌全体の意味がわかるようなイラストがあると，歌っているうちに，キーワード単語の音から意味が推測できるようになります。

表10. 低学年や中学年の外国語活動で音素認識・音韻認識を高められる歌や手遊び歌

歌のタイトル	授業テーマ
Eency Weency Spider	英語圏の子どもはみんな知っている手遊び歌で，両手の親指と人差し指で小さなクモを作って "eency weency" と歌いながら上に上っていく様子を表現します。ハロウィンの単語に spider が含まれるので，9月〜10月に導入すると効果的です。
I'm a Little Teapot	小さなティーポットになったつもりでティーポットの背格好や取っ手や注ぎ口を表現しながら歌います。歌詞の中の stout, spout と，shout, out が韻を踏んでいます。
Five Little Monkeys	サルの子どもがベッドの上で飛び跳ねて頭を打ったのでお母さんサルがお医者さんを呼びます。サルの子どもは5匹から最後は1匹だけになります。歌いながら内容が理解でき，数字をカウントダウンすることもできるようになります。
The Bus Song	コミュニティバスの様子が描かれています。バスのワイパー，車輪の動きや，乗っている人々（赤ちゃん，お父さん，お母さん，運転手）の様子を真似することで内容理解に繋がります。
Two Little Black Birds	「きらきら星」のメロディの手遊び歌です。2羽の鳥を指で表現します。hill と Jill で韻を踏んでいるのが単純なメロディでわかりやすいです。
Old MacDonald Had a Farm	マクドナルドおじさんの農場にはたくさんの動物がいます。英語で動物の鳴き声を真似したり，英語圏の農家で飼っている動物は日本では見られない七面鳥も登場するので英語の音声だけでなく，異文化理解にも最適です。
Row, Row, Row Your Boat	ボートに乗ってこぐ（row）と，川の流れが優しく聞こえてくる様子が描かれています。簡単なメロディで口ずさみやすいので，子どもはすぐに覚えることでしょう。
Humpty Dumpty	本章の冒頭で紹介しました。韻を踏んでいて，英語のリズムを体感しやすいので，高学年でもチャンツとして楽しめます。
Hickory, Dickory, Duck	マザーグースに入っている有名な歌です。時計が時を打つと，ネズミが登場します。Humpty Dumpty のように Hickory Dickory が韻を踏んでいることがわかります。

Ten Fat Sausages	ソーセージを数えていきます。ソーセージをフライパンで焼いていたら 10 本あったのに 2 本ずつ少なくなっていきます。カウントダウンは意外に難しいので，英語で数を数える練習になります。
Sally Go Round the Sun	サークルソングと言って，みんなで輪になって歌います。初めて英語を学ぶ児童の緊張を緩め，最後の "BOOM!" でジャンプしたり，他の動作動詞に替えて，体を動かします。
Teddy Bear	歌詞を聞いて簡単な動作（Turn around, touch the ground など）ができるようになります。メロディーを外してチャンツが可能です。
A Sailor Went to Sea	日本の「みかんの花」のような手遊び歌で，みんなが輪になって sea と see が聞こえたら，隣の人の手をたたき合うので韻を踏んでいることが自然にわかるようになります。
One, Two, Buckle My Shoe	20 までの数え歌で，数字と対応するものが韻を踏んでいますので，数字で数えることと音声指導の両方ができます。
Hokey Pokey	体の部分を聞いて動かす，左と右を聞いて反応出来るようになります。Head, Shoulder, Knees, and Toes の定番の歌を導入したら，応用としておすすめです。

表 11. 高学年の外国語科で英語音声の聞き取りや子どもの意識を高められる歌の例

タイトル（ ）内はオリジナルアーティスト名
"Country Road"（John Denver）「カントリーロード」（ジョン・デンバー）
"Sing"（Carpenters）「シング」（カーペンターズ）
"We're All in This Together" from *High School Musical* 映画『ハイスクール・ミュージカル』より「みんなスター」
"Tomorrow" from Musical *Annie* ミュージカル『アニー』より「トゥモロー」
"Grandfather's Clock"「大きな古時計」
"Paprika" English Version 「パプリカ」英語バージョン
"A Whole New World" from *Aladdin*（Peabo Bryson & Regina Belle） ディズニーアニメ『アラジン』より「ホールニューワールド」

> "We Are the World" (USA for Africa)
> 「ウィアーザワールド」（USA フォー・アフリカ）
>
> "Let It Go" from *Frozen* (Idina Menzel)
> 映画『アナと雪の女王』より「レット・イット・ゴー〜ありのままで」（イディナ・メンゼル）

　英語が教科となった高学年では，検定教科書の進度があり，読み書き指導もしなくてはならないというプレッシャーから，歌を授業に取り入れる余裕がないかもしれません。年齢的に「歌うこと」を恥ずかしく感じるようになりますが，かといって，「歌を聴く」のが嫌いなわけではありません。流行のＪポップや世界的にヒットしている映画のテーマや洋楽に大変敏感です。また，日本の子どもは，外国の子どもに比べて放課後に楽器を習っている割合も高く，小学校の音楽科では高学年児童が難度の高い合唱曲や楽器演奏に取り組み，地域によってはブラスバンドの活動も盛んに行われており，音楽能力は平均的にとても高いと考えます。年齢や興味関心を考慮すると，低学年児童が好むような子どもっぽい手遊び歌などよりは，有名なカントリーミュージック，映画の主題歌，流行の洋楽でメロディラインが口ずさみやすいものの方が，「あ，これ，聴いたことある」，「日本語版で知ってる！」など敏感に反応してくれるのでおすすめです。歌詞の多くの単語は聴き取りづらくても，メッセージ性の強い映画中の曲やミュージカルなどは，強く発音される歌詞中のキーワードを聞き取る活動を通じて，映画や歌のストーリーの概要を理解をすることが可能です。日本語版から意味を推測することもできるようです。また，低学年・中学年向きの歌を，高学年では発話や発音トレーニングとして歌ってみる，韻を聞き取るリスニングとして聞いてみるということもできます。最近は，"Paprika"のように，日本語がオリジナルで英語版が製作されることも珍しくなく，子どもがより英語の歌に親しめる環境にあると言えるでしょう。

◀指導のポイント

　曲を聴く前に具体的な指示を与えましょう。「どんな単語が聞こえてくるかよく聴いてみてね」と指示してから，曲を流しましょう（難しいと思われるときはどんな映画なのか最後の場面だけを見せてもいいかもしれません）。そうすると集中して聞くので，意外にたくさんの単語を挙げてくれることに驚かされます。英語やテンポが速くて間違って聞こえている可能性もあります。

その場合には，「日本人にはそうやって聞こえるけど，実はこう言っているんだよ」と言って正しい単語を教えます。聞こえてきた単語を挙げてみるだけでも，曲全体の大体の意味が見えてきます。挙がった単語はどこにアクセント（強勢）があるのか聞いてみてください。複数音節から成る長い単語も出てきますので，日本語と違って単語のどこかに必ず強く発音する部分があるということもわかるようになります。

　歌のサビだけでも歌ってみましょう。歌をまず聞いてから，サビの中の知っている単語だけでも口ずさんでみましょう。曲の全部を歌えるようにならなければならないということではありません。チャンツと同じで，英語の楽曲は基本的に強音節の母音の位置とビートの打点が同じなので，強く聞こえてくる単語が重要な意味を持つことがわかるようになります。

F.　フォニックス：高学年で音素認識・音韻認識が育ってきたら導入しましょう

　フォニックスとは「文字と音の関係性」を教える学習方法で，単語の綴りの規則性を学習していきます。例えば，mat ［mæt］では真ん中の母音が［æ］と発音しているのに，終わりに e をつけた途端に mate ［meɪt］と発音が変化します。これは真ん中の母音が［eɪ］のように発音が変わる「マジック E」と呼ばれる法則です（p. 100「コラム 4」参照）。fat が fate，hat が hate，rat が rate となる変化は，この法則が当てはまります。フォニックスには多くの規則があるので，英語学習初期の小学校英語では，音素に対応する文字がわかる程度のフォニックスの基礎段階を高学年で学習していきます。これは，十分な音声指導があるからこそ，できることなのです。ところが，残念なことに，「音声指導＝フォニックス」と誤解されている学習者や先生が多いように思われます。事実，「音素認識」で指摘したように，高学年の子どもにとっては，音声情報のみよりも文字情報を伴った方がむしろ記憶に残りやすく，アルファベット文字を視覚情報として与えながら，音素認識活動をしていく方が高い認知能力のある高学年の学び方に合っており，音素認識を向上させながらフォニックス学習をしていることにもなります。多くの民間教室でも取り入れられているので，小学校の高学年学級を指導していると，まだ教えていないのに単語がスラスラと書ける子どもを見かけます。ところが，音素認識や音韻認識のリスニングテストをしてみると，意外に点数が取れていない子どもがいます。音声情報による指導が不足していること

から，文字情報だけの学習に頼ってしまい，紛らわしい音声の判別が未熟な子どもがいることがわかりました。[kæt] と聞いて，頭音を c と書くか，kと書くかはフォニックスのレベルとなります。6年生は日頃 cat と見かける機会も多いので，cat を見ると [kæt] と言えますが，頭音を入れるワークシートをやってみると，"k" と書いてしまう子どもが大変多いです。3・4年生で学習したローマ字の影響も考えられます。

　図5のように，英語が母語ではない子どもに単語の綴り指導を開始するまでに，まず音声指導によって英語の音素がわかり，単語の音韻構造が認識できる力を育て，同時にアルファベットの知識をしっかり指導する必要があります。その上で，中学を直前に控えた高学年に初歩的なフォニックスを指導することが有意義となります。十分な音声指導が基礎にあるからこそ，対応する文字がわかるようになるのです。

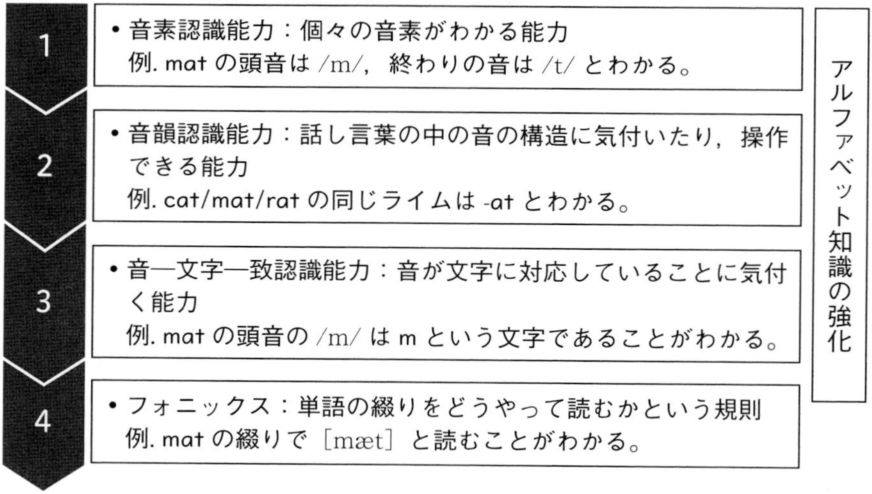

1	・音素認識能力：個々の音素がわかる能力 　例. mat の頭音は /m/，終わりの音は /t/ とわかる。
2	・音韻認識能力：話し言葉の中の音の構造に気付いたり，操作できる能力 　例. cat/mat/rat の同じライムは -at とわかる。
3	・音—文字—致認識能力：音が文字に対応していることに気付く能力 　例. mat の頭音の /m/ は m という文字であることがわかる。
4	・フォニックス：単語の綴りをどうやって読むかという規則 　例. mat の綴りで [mæt] と読むことがわかる。

（1〜3の右：アルファベット知識の強化）

図 5. 初級レベルの児童への音声指導からフォニックス学習への指導順序

4 指導の際の留意点—英語音声を学ぶ環境作り—

A. 聞き取りから発音へ：「聞く」＋「見る」ことの重要性

　先生側の発音で教室内を静かに，一斉に「見る」意識作りをしましょう。先生の発音を見て聞いてまねるという子どもの発声行為は，ある程度「うるさい」レベルの騒音を発生させます。教室内には聴覚障害を持つ子ども，聴覚に問題はないのに聞こえづらい子ども，音に敏感で喧噪を苦手としている子どもなど音環境が整わなければ学習しづらい子どもが在籍しています。英語の授業は，コミュニケーション活動を楽しんだり，歌を歌ったり，発音練習したりと，他の教科に比べどうしても騒音が出やすい環境にあります。その点を踏まえ，先生側の発音の際には，子どもは静かに一斉に先生を「見る＋聞く」という「傾聴姿勢」を徹底させ，発音の際には自分の声が聞こえるようにしっかり発音することを指導してください。筆者らの研究によると，5 年生児童に，明示的に音声や文字を指導し，「見る」態度の指導後に発話者の口形への注視時間が増えると，音韻認識能力や発音能力，英語学習に対する意識が向上していることがわかりました。

　授業内で毎回 15 分程度の「音声指導」の帯活動を設定しましょう。高学年では検定教科書を進める必要があります。『小学校外国語活動・外国語研修ガイドブック』（文部科学省，2017）では，音声指導の意義づけとして，高学年が外国語科として学習する前の段階の中学年の外国語活動では，「音声面を中心とした外国語を用いたコミュニケーションを図る素地を育成することがねらい（p. 12）」であり，高学年の外国語科では，「外国語活動において音声中心で学んできたことを円滑に文字の指導につなげるために，外国語科において英語の文字や単語などの認識，国語と英語の音声の違いやそれぞれの特徴への気付き，語順の違いなど文構造への気付きなど，言語能力向上の観点から言葉の仕組みの理解などを促す指導が求められる。（p. 13）」とあります。さらに，中学への英語学習に円滑に接続していくためには，音声面の十分な指導が基盤となって，高学年児童の英語の読み書きへの興味を高めていく必要があります。外国語の授業は，子どもが目標表現を発話できるように，コミュニケーション活動に発展させていくことが大きな目標です。しかしながら，発話の機会を増やし，子どもは目標表現を繰り返させたり，クラス内で子ども同士の対話練習の機会を増やしても，そもそも「どうやって言

ったらいいのか自信がない」子どもは，単語の発音がわからないので，単語を複数並べていく文レベルの目標表現を堂々と発話できないのです。音声の聞き取り・発音の活動を通して，英語音声への理解を促していく毎回の授業の積み重ねが，最終的に目標表現の発話に取り組める自信につながります。では，具体的にどのように授業に組み込めばいいのでしょうか？　高学年の場合，毎回の 45 分授業のうち，教科書単元とは別の「帯活動」として約 15 分程度を音声指導活動とし，アルファベットジングル⇒音素認識や音韻認識⇒発音指導⇒音―文字一致認識（書く活動を含める）の一連の活動を設けます。盛り込み過ぎないように，そのときの子どものレベルに対応した活動を組み込みましょう。音声指導の帯活動の指導方法については，第 3 章を参照してください。

B．子どもの年齢や特徴を考慮した音声指導を心がけましょう

　外国語を学習する子どもへの指導の際には，子どもの認知的な発達段階を考慮に入れる必要があります。小学校の 1 年生から 6 年生までの成長は，身体的にも精神的にも大変著しいので，認知的な違いを十分に考慮に入れた指導計画を立てましょう。

　低学年～中学年では，好奇心が旺盛で，楽しそうに歌ったり体を動かしたりすることが大好きです。また，抵抗なく先生の発音のまねをすることが得意です。ただ，学級全体で発音する際には，子どもが全員で合わせて言おうという意識が働くため，単語や表現の語尾を伸ばして元気よく発声する癖があります。例えば，子音で終わった単語でも，日本語の影響で母音がくっついて発音されてしまい，"cat" も全員揃って「キャット～～‼」と発声してしまう低学年の外国語活動をよく見受けます。このような場合には，先生が「終わりを切った感じで発音してごらん。」と声をかけるだけで，子どもの発声への意識が変わってきます。

　低学年への音声指導では，なるべく子どもの感覚を刺激するように心がけましょう。学年が下がれば下がるほど，集中力に乏しいので，絵カードを使う視覚的な刺激だけでなく，聴覚的な情報（歌やチャンツ），聞いて体で表現する活動（例．体のパーツを学習する，"Stand up, turn around ..." など，動作の英語を聞いて実際に動作をする）を組み合わせたり，時には絵本を活用しながら，音声指導をしていきます。授業全体が音声であふれた授業作りをしていきますが，この年齢の特徴として，発話者が発声したことをそのままオウ

ム返しで繰り返す習性があるので，"How are you?"に対して，"Fine, thank you."と，発話に応答することを教えていくことが必要です。ゲーム形式で，単語を答えさせるだけでなく，担任の先生とALTの先生のモデルトークを見せる機会を設けたり，ライム表現が出てくる歌や絵本を使って，内容の意味が理解できるような工夫が必要です。

　中学年は好奇心が旺盛な中にも次第に知的探究心が芽生えてきます。アルファベット指導は，ジングル（第3章 pp. 156〜159をご参照ください）に組み込む形で，毎回授業で扱うようにしましょう。音声指導と並行して，アルファベット文字を認識できるかどうかを確認していく必要があります。3・4年生の国語科で導入されるローマ字と混同するという理由で，アルファベット導入を懸念される先生もいます。しかし，音素認識やアルファベットの認識が向上すると，自分の名前をローマ字で書くときに，ア行と「ん」は1文字で済むのに，他の日本語は文字を2つ使って書く，「ねこ」はひらがなで2文字なのに，ローマ字で表記すると"neko"と4文字で表記される，英語のキャットは"cat"と3文字で表記されているというように，中学年なりに音声と対応している書き文字に対する気付きが生じてきます。先生はこの気付きに対して，「catはtで終わっているね。もしカタカナの通りにローマ字で書くと，最後のトがtoで2文字使われているね。」と，説明されると，子どもはより理解できます。たくさんの教科を指導しなければならない「負担」感よりも「メリット」としての意識を持ち，母語ではない言葉の刺激が母語の成長も助長するということを認識されると，外国語活動の時間が先生自身にとっても有意義な時間となることでしょう。

　思春期直前の高学年は，知的好奇心が高まり，理論的に考える力も発達します。班活動としてプロジェクト学習に意欲的に取り組んだり，仲間とのコミュニケーション活動が活発となり，他者への思いやりや社会性が育まれるようになります。明示的な音声指導をすると次第に深い気付きを持つようになるので，単元学習のチェック項目と合わせて，英語音声について理解できること，まだ理解できないことを，子どもの言葉で授業の振り返りを書かせましょう。次回の授業作りや評価に活用することができます。高学年ではその認知力の高さから，文字との接続が英語音声を理解する上で手助けとなり，音声をより促進すると捉え，音声指導・文字指導を進めます。

　支援を必要とする子どもへ配慮し，インクルーシブな指導体制作りを目指しましょう。通常学級の教室内には様々な児童が在籍しています。特別支援

学級在籍で外国語の授業になると通常学級に参加する児童，聴覚障害児童，発達障害を抱える児童，学習障害を抱える児童，聴力はあるのに聞こえていない児童，学力が低い児童など，程度の差はあれ，外国語授業で支援を必要とする児童がいます。授業中や授業外での英語学習の支援方法について，特別支援学級の担任の先生や支援員と情報を共有しましょう。担任の先生は，在籍する子どもの障害を把握しているとはいえ，学級全体を指導していく必要があるため，支援を要する子どもへの合理的な配慮を授業中に行うことが難しい状態です。一方，特別支援の先生方は，英語授業の全体像が見えず，英語が専門ではないから（あるいは得意ではないから），どのように支援すればいいのかわからないという声を聞きます。高学年で教科となった現在，通常学級と特別支援との指導体制の連携構築は英語授業作りの上で必須と言えます。具体的には，通常学級の先生は，授業案や教材を特別支援や支援員の先生方と共有し，可能であれば，ALT を交えて授業前にミーティングをしましょう。その授業回の発音指導では，どの音素を教えるのか，ワークシートをする際に文字の理解が難しい子どもに支援が必要などの情報を共有することによって，特別支援の先生は，個別指導で該当音素の指導時間を設けることができ，自然と外国語授業の支援体制ができます。

　聴覚障害児童への支援策として，カタカナ文字を使って支援するということは，結果的に英語の音素や音韻認識への理解を妨げることとなってしまいます。発音指導だけでは理解が難しいので，先生の口形を見ることを常に留意させ，絵カードや絵本など文脈のある指導の中で，音素を明示的に指導することで，重度の聴解障害児童の聞き取りも発音能力も向上することが検証の結果から分かりました。補聴器や支援スピーカーの進歩により，教室で専用スピーカーを設置し，先生が専用マイクを使って指導することで，聴覚障害児童だけでなく，教室後方の聞き取りづらい座席に座っている児童にも明瞭に音声が聞こえるという教室全体のメリットも期待できる合理的配慮が可能です。教室の音環境を改善していくことは，対象児童だけの問題ではなく，日本語にない音声に関する学習を進める上で，学級内の全ての児童に必須の学習条件と考えます。

通常学級内で英語授業を受ける聴覚障害児童と傍らで支援する特別支援学級担任

5 体系的に指導計画を立てよう

　短期的目標・中期的目標・長期的目標を設定しましょう。3 年生から外国語学習を開始している場合，小学校卒業までにどんな力がつけばよいのか，終了までにどんなことができるようになっているのか，Can-do 評価（具体的な学習到達目標に応じた評価リスト）を作成してみましょう。この時，指導した教科書単元の評価項目を組み込むことで，子どもが学習内容の進度を理解できると同時に，音声指導や文字指導の指標も組み込みます。章末に 3 年生から外国語活動で初めて英語授業を導入した場合の長期的な「明示的な音声指導順序と導入時期の目安」（p. 63）を記載しました。

　子どもの振り返りを「評価」に利用しましょう。教科化の移行期間中に 5 年生の年度末に実施した子どもの振り返りで音声指導・文字指導に関わる項目の一部をご紹介します。項目は（できない，あまりできない，まあまあ，できる）の 4 件法で回答してもらいました。加えて，「5 年生後期の英語の授業を振り返ってできるようになったこと，まだできないこと，もっと知りたいこと・英語でできるようになりたいこと」と自由に記述してもらいました。これらの項目結果を毎回の授業の振り返りと合わせて評価に活用することができます。

　低学年への音声指導は感覚や想像力を働かせるインプットをしましょう。低学年（あるいは就学前）で開始する場合は，歌や絵本を活用し，たくさんの語彙をインプットしながら，聴覚・視覚・触覚の感覚を刺激して，低学年の子どもが好きなトピック（色，牧場の動物，動物園の動物，遊び，季節など）を扱う絵本や，ライムや簡単な英語に書き直してあるおとぎ話や童話が出てくる絵本を使って，英語の音を聞かせましょう。まだ本書で意味する「明示的な」指導をする必要はありません。低学年の子どもたちは，不思議なことに，絵本を読んでいる間は，英語はほとんど分からないはずなのに，じっと集中して静かに絵本の読み聞かせに集中しています。先生が声音を変えたり，擬音で声のピッチを変えたりすると，大変盛り上がります。子ども自身が絵本の世界に入り込み，お話の内容について想像力を働かせているのがわかります。先生は一切日本語に訳す必要はありません。第 3 章に音声指導ができる低学年向けの絵本リストを掲載しています（pp. 178〜179）。

5年生外国語科年度末児童振り返りで尋ねた項目の一部：
児童は（できない・あまりできない・まあまあ・できる）の4件法で回答。

1. アルファベットの大文字をすべて読むことができる。
2. アルファベットの大文字を順番に並べることができる。
3. アルファベットの小文字をすべて読むことができる。
4. アルファベットの小文字を順番に並べることができる。
5. 大文字と小文字を一致することができる。
6. アルファベットを正しく発音することができる。
7. 大文字をすべて正しく書ける。
8. 小文字をすべて正しく書ける。
9. 英語の単語を聞いて最初の音がわかる。
10. 英語の単語を聞いて最初の音に対応するアルファベットがわかる。
11. 単語を聞いて，手を叩いて固まりの数がわかる。
12. 学校の科目名を英語で発音されれば，何の科目か理解できる。
13. 授業中に積極的に発音や会話に取り組んでいる。
14. 授業中にワークシートに積極的に取り組んでいる。
15. 他の人と協調してペアワークやアクティビティなどに取り組んでいる。
16. 振り返りを毎回真面目に取り組んでいる。
17. 前期に比べてアルファベット文字を書けるようになったと思う。

明示的な音声指導順序と導入時期の目安（3年生から導入した場合）

〈公立小学校3・4年生の外国語活動〜5・6年生外国語科の長期的指導計画〉

授業導入時期	3年（アルファベットジングル開始）	4年	5年	6年
音素認識（音素が個々に分かる力） ①音素の特定 ②仲間の音素の認識 ③仲間外れ音素 ④音の引き算 ⑤セグメンテーション（音素へ分解） ⑥ブレンディング（音素の融合）	絵カードを使った音素認識活動（⑥ブレンディング以外）を通じて英語音声に触れる		（明示的な指導開始）	
発音指導（子音から母音へ） ①破裂音 ②鼻音 ③摩擦音 ④破擦音 ⑤側音・半母音 ⑥母音	明示的でなくてよいので、音素認識活動（ブレンディング以外）を通じて、①〜⑥の音素に触れる			
オンセット＆ライム				（5年後期頃から明示的な指導開始）
音節認識 音節ブレンディング 音節セグメンテーション				
チャンツや歌				
アルファベット文字 ①大文字認識（発音を聞いて大文字を指せる） ②小文字認識（発音を聞いて小文字を指せる） ③大文字−小文字対応認識 ④大文字【名前】読み ⑤小文字【名前】読み ⑥大文字書き指導 ⑦小文字書き指導				
フォニックス ①単語の頭音や語末音の子音を聞いて対応する文字が書ける。 ②単語を聞いて真ん中の母音に対応する文字が書ける。 ③書いてある単語文字を見て音が想起できる。				

第2章
付属動画を使った指導内容解説
［第1回〜第10回］

1 付属動画　第1回の内容

> 目的 英単語とそれに対応する日本語の外来語の発音をペアで聞き比べることで，外来語では子音の後に母音が一緒に発音されているということに気づかせます。母音の数が多くなる分，外来語が発音される場合は，あごの動きがガクガクと多くなります。英単語を発音する際には，余分な母音を入れないように，あごをガクガクさせないよう注意しましょう。
>
> 　子どもに，英語発音の際のあごの動きや口の形，唇や舌の使い方をじっくりと目で観察させる習慣を身につけさせましょう。クイズの部分では映像に集中できるように，音声をわざと消してあります。

音声指導の際の留意点

　日本人には日本語の「子音＋母音」のセットが体に染み込んでいますが，ローマ字の五十音図を見せながら，その理由を考えさせるとよいでしょう。

　子音単独で発音できるようになるためには，「子音＋母音」のセットから子音と母音を意識的に切り離すトレーニングが必要です。「か・き・く・け・こ」を「K＋あ」，「K＋い」，「K＋う」...のように発音できるか確認しましょう。その上で，「あ＋K」，「い＋K」，「う＋K」のように母音と子音の位置を入れ替えて，最後の子音の後ろに余分な母音を入れないよう（「あ＋K＋う」はダメ！）注意しましょう。

音声指導や教員研修でお薦めの活動例

　グループで，英単語とそれに対応する日本語の外来語のペアを考えさせて列挙させ，2つの発音の違いをみんなで考えてみましょう。AとBでペアを組み，Aが外来語か英語のどちらかの単語を「声を出さずに」Bに向かって発音し，BはAの口周辺の動きをじっくり観察して，どちらの単語を発音したのかを当てるクイズをやってみるのも面白いでしょう。

※単語の発音は裏見返しのQRコードから確認できます。

第1回

PART 1　Japanese or English？　外来語？　英語？　どっちの発音かな？

使用語彙とイラスト	動画場面
cat / キャット	 英語の cat は語末の［t］の音の後に余分な母音の「お」を入れて、「cat お」と発音しないよう気をつけましょう。「あ」を発音するより口を縦に広げ，くちびるを思い切り左右に引きながら「え」と言ってみましょう。「エァ」のような「あ」と「え」の中間の音が出ますが，これが cat の a の発音です。
desk / デスク	英語の desk は語末に sk と子音が2つ続きます。子音の間や k の直後に母音の「う」を入れて「des う k う」とならないように気をつけましょう。最後に母音を入れないようにするには，頭の de を強く長めに言ってから sk をスピーディに，のどの奥で k と言って止めてみましょう。
box / ボックス	日本語の「ボックス」は小さい「ッ」があるために，その後の「ク」をやや強めて言うために語尾の「ス」がはっきり聞こえてきます。英語の box の o ［ɔ(ɑ)］は口を縦に大きく開き，「ボ」より「バ」に近い感じで発音し，すぐに2つの子音の ks をスピーディに発音してみてください。「k う s う」のように余分な「う」を入れないことを強く意識してください。

▶ QR コードで PART 1〜5 の音声チェック！

第1回

PART 2 Which word？　どっちの単語？

> **目的** ミニマルペアの問題です。英単語の最初の音（頭音）の違いを判別する活動を通して，英語の音の違いに意識を向けさせることが目的です。次の Part 3 と合わせて，英語の単語内構造（オンセットとライム）への気づきを促すこともねらいとしています。
>
> 「ミニマルペア」とは，英単語内の音素 1 つを入れ替えることで，ある単語 A から別の単語 B になるような 2 つの単語のセットのことです。bed の頭音の［b］を［r］という音に入れ替えると，bed が red という単語になりますが，この場合，「bed と red はミニマルペアである」と言えます。子音を入れ替えたり，母音を入れ替えることで，入れ替える音素そのものの発音に気づかせることができます。このパートでは，頭音の子音のみのミニマルペアを扱います。

音声指導の際の留意点

Part 1 では英語発音の際のあごの動きや口の形などを目で観察するだけで，外来語と英語の区別ができましたが，冒頭の bear/pear のようなミニマルペアでは，［b］と［p］は発音の際の口の位置が両唇で同じですので，見るだけでは区別ができません。「しっかりと音を聞く」傾聴姿勢を育てましょう。

音声指導や教員研修でお薦めの活動例

映像に出てきた単語の発音練習を十分行った後，ペアを組ませて，ミニマルペアのクイズを出し合うとよいでしょう。また，映像で使用された単語以外で「ミニマルペア」となる単語を，ペアやグループで考えさせて，発表させてもよいでしょう。頭音を操作できれば，語彙の知識や音素認識能力が向上していると思われます。

使用語彙とイラスト	動画場面
  bear / pear	 頭音の［b-p］はどちらも両唇で破裂させる音で，有声［b］か無声［p］かを判別できるかどうか見ています。pear は pair（ペア，組）と同音異義語です。ear の部分は，air と同じ発音です。同じ -ear で も dear, fear, hear, near などとは発音が異なります。
  pen / hen	pen の頭音の［p］は破裂音，hen の［h］は摩擦音です。どちらも無声なので，教室が静かでないと聞き取りづらいです。子どもの傾聴姿勢を徹底させて，口形を見るように指示してください。pen の［p］の音は発音の口形を両唇でせき止めた肺からの空気を一気に勢いよく飛ばすように発音します。-en の単語は他にも Ben（男子名），men, ten, yen などがあります。
  goat / coat	頭音の［g-k］は舌の奥の部分，または上あごの奥の部分で発音される破裂音です。そのため，口形だけでは読み取りづらいので，のどの部分に軽く手を添えて［g-k］と交互に発音するとグイッとのどの奥が動くことを感じさせてください。-oat の oa は［oʊ］と発音する二重母音なので，「オー」のように伸ばさないように気をつけましょう。

第1回

PART 3 Onset & Rime　単語が変身!!
頭の音が変わったら別の単語になるよ

目的 英語の単語内構造（オンセットとライム）を学習します。頭音を聞いて，意味がわかるかどうか，頭音の音に対応する文字がわかるかどうかがポイントです。時間差で，まず絵によるヒント，次に頭音に対応する文字が浮かび上がってきます。子どもたちは映像を見ながら，意味や対応する文字を声に出していくと思います。

音声指導の際の留意点　rime：-at の学習

bat ⇒ mat ⇒ rat ⇒ cat

　頭音を聞いて子どもが音素から文字に対応しやすい単語の順番で提示されていきます。3番目の rat の頭音の［r］は［l］と混同が起こり，4番目のcat の頭の文字は k を書く子どもが多いでしょう。［r］と［l］は，音の違いがわかるよう ALT に何度も発音してもらいましょう。綴りが kat ではなく，cat になるのは，フォニックスの領域になります。後ろに a の母音がつくときは k ではなく c になります（kangaroo などの例外あり）。4つの単語に共通のライムの部分 -at の a は，［æ］が日本語になく，発音が難しい母音です。口をしっかり開けてから「ア」と「エ」の中間の音になるようなイメージで発音しましょう。4つの単語以外には，fat, hat, pat, chat などもあります。第2回に -at の問題が再度出てきます。

音声指導や教員研修でお薦めの活動例

　bat, mat, rat, cat に第2回で扱う hat, fat を追加し，絵カード6枚をセットとして，ひとりずつ手に持たせ，先生が6つのうちの1つの単語を発音し，"One, two!" のかけ声とともに，先生が発音した頭音（オンセット）を持つ単語の絵カードだけを手にもって挙手させる活動をすると，どの子どもがオンセットを正しく認識できているかのチェックができます。また，カルタ形式で机の上に絵カードを広げ，先生が頭音だけを発音して，カルタ取りゲームをさせてもよいでしょう。

使用語彙とイラスト	動画場面
bat	両唇で破裂させる有声の ［b］ です。野球のバットも発音・綴りが同じ bat です。口形が分かりやすいので，児童も視覚的に判断しやすいです。ただし，教室のノイズが強いと聞き取りづらいので，静かな状態で聞かせるようにしてください。
mat	mat は，両唇を使って鼻から空気が出て行く鼻音の ［m］ が頭音です。［m］ は一番目の bat と合わせて口形での判断が容易な音素です。ただし，聞きとりづらい子どもにとっては同じに聞こえるので，教室が静かな状態で ［m］ と ［b］ が区別できるか確認しましょう。
rat	rat の頭音の ［r］ は日本語にない音素です。舌の先を歯茎につかない程度に巻き上げますが，上あごには接触しません。［l］ と判別しづらいので，普段からアルファベットジングルや，［l］ と ［r］ の聞き取り活動（light と right）を行うなどして，音に慣れ親しむことが大切です。聴覚障害児童には ［r］ が ［w］ のように聞こえていますので，教室内を静かにさせ，頭音を集中して聞くよう指導してください。
cat	低学年児童でもわかる簡単な単語ですが，頭音が ［k］ の音素であるにもかかわらず，文字は c となっており，既にフォニックスレベルのことをやっていることになります。音素 ［k］ が，文字 c に対応していることを知識として持っている児童は 6 年生でも少数派です。cat 以前の 3 つの単語は音素が文字に対応していることでわかりやすいため，最後の応用問題として，この cat を 4 番目に扱っています。

PART 4　Can you guess the word？
何の単語かわかるかな？

目的　複数の音節から成る単語を音節ごとに区切った発音を聞いて，単語を当てる「音節ブレンディング」の問題です。3問目には，音節の順番を逆にして発音を聞くチャレンジ問題も入っています。

　3問のクイズの後に，「音節」の定義を説明しています。「シラブル」（syllable）という用語を音節の代わりに使う場合も多いのですが，漢字から意味を類推しやすいように「音節」という言葉をあえて使って，説明しています。音が竹の「節(ふし)」のように盛り上がって，1つの「カタマリ」として認識されるイメージです。英語の辞書の各単語の見出しには，単語内音節区切りが表示されていますが，辞書によって区切れの位置が違っていることがあります。子どもの場合，1つの単語に音のかたまりがいくつあるか（音節の数）をとらえることが大切ですので，本書では音節を●（強音節：最も強く発音される音節）と〇（弱音節）で表示しています。第2強勢も，あえて〇で表しています。（第1章**1**（4）参照）

音声指導の際の留意点

　「音節ブレンディング」は，いわば「音節の足し算」です。音節を足し合わせることで単語になることを体感させます。Part 1で外来語とそれに対応する英単語を発音する際の口の動きなどをじっくりと比較観察させましたが，ここでも「しっかりと音を聞く」，「しっかりと口の動きなどを見る」意識をもたせましょう。

音声指導や教員研修でお薦めの活動例

　dolphin のように，ある単語の音節の順番をランダムにした発音を聞かせ，その単語を当てさせるクイズをクラス全体やグループ，ペアで行わせてみましょう。

使用語彙とイラスト	動画場面
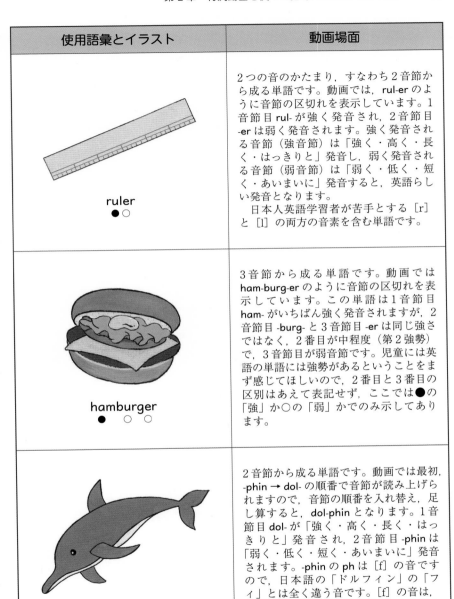　ruler ●〇	2 つの音のかたまり，すなわち 2 音節から成る単語です。動画では，rul-er のように音節の区切れを表示しています。1 音節目 rul- が強く発音され，2 音節目 -er は弱く発音されます。強く発音される音節（強音節）は「強く・高く・長く・はっきりと」発音し，弱く発音される音節（弱音節）は「弱く・低く・短く・あいまいに」発音すると，英語らしい発音となります。 　日本人英語学習者が苦手とする［r］と［l］の両方の音素を含む単語です。
hamburger ●　〇　〇	3 音節から成る単語です。動画では ham-burg-er のように音節の区切れを表示しています。この単語は 1 音節目 ham- がいちばん強く発音されますが，2 音節目 -burg- と 3 音節目 -er は同じ強さではなく，2 番目が中程度（第 2 強勢）で，3 音節目が弱音節です。児童には英語の単語には強勢があるということをまず感じてほしいので，2 番目と 3 番目の区別はあえて表記せず，ここでは●の「強」か〇の「弱」かでのみ示してあります。
dolphin ●　〇	2 音節から成る単語です。動画では最初，-phin → dol- の順番で音節が読み上げられますので，音節の順番を入れ替え，足し算すると，dol-phin となります。1 音節目 dol- が「強く・高く・長く・はっきりと」発音され，2 音節目 -phin は「弱く・低く・短く・あいまいに」発音されます。-phin の ph は［f］の音ですので，日本語の「ドルフィン」の「フィ」とは全く違う音です。［f］の音は，上の歯を下唇に必ず軽く当て，すき間から息を吐いて出る擦れるような音です。

PART 5　How many syllables？　音節数はいくつ？

目的 Part 4 の逆で，単語を音節で区切っていく「音節セグメンテーション」の問題です。発音を真似ながら手を叩くことで，単語には音節区切りがあることを体感しながら学習していきます。Part 4 の「音節ブレンディング」と，この「音節セグメンテーション」の両方を体験させることで，英語の単語は音節でできているということを感覚的につかめるようになります。子どもの場合，1 つの単語に音のかたまりがいくつあるかをまず捉えることが大切です。音のかたまり部分に手拍子をつけることで音節数を意識させましょう。

音声指導の際の留意点

　日本語に対応する外来語がある英単語は，外来語のモーラ数と英単語の音節の数にズレがあることに気づかないまま，発音してしまうことが多いので注意しましょう。「テニス」は音のかたまりの数が「テ・ニ・ス」で3つ，tennis は ten・nis で2つですので，手を3回叩きながら「テ・ニ・ス」，手を2回叩きながら ten・nis と発音させます。このように体の動きと音節数を必ずシンクロさせて発音させることで，英語の音節数を無理なく体に染み込ませていくことができます。手を叩く代わりにペンで机を叩いたり，指を音節の数分立てながら発音するのも効果的です。

音声指導や教員研修でお薦めの活動例

　あるジャンル，例えば「国名」に関する英単語群（Japan, China, Italy, America, Canada, India, Australia, Brazil など）を音節数の同じものごとにグループ分けする活動を，ペアやグループで頻繁に行わせることで，単語の「音節の数」に意識を向ける習慣をつけることができます。

使用語彙とイラスト	動画場面
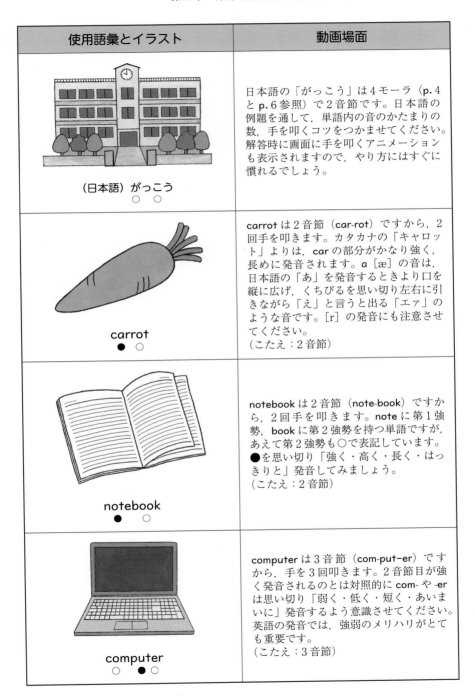 （日本語）がっこう ○　○	日本語の「がっこう」は 4 モーラ（p. 4 と p. 6 参照）で 2 音節です。日本語の例題を通して，単語内の音のかたまりの数，手を叩くコツをつかませてください。解答時に画面に手を叩くアニメーションも表示されますので，やり方にはすぐに慣れるでしょう。
carrot ●　○	carrot は 2 音節（car-rot）ですから，2 回手を叩きます。カタカナの「キャロット」よりは，car の部分がかなり強く，長めに発音されます。a［æ］の音は，日本語の「あ」を発音するときより口を縦に広げ，くちびるを思い切り左右に引きながら「え」と言うと出る「エァ」のような音です。［r］の発音にも注意させてください。 （こたえ：2 音節）
notebook ●　○	notebook は 2 音節（note-book）ですから，2 回手を叩きます。note に第 1 強勢，book に第 2 強勢を持つ単語ですが，あえて第 2 強勢も○で表記しています。●を思い切り「強く・高く・長く・はっきりと」発音してみましょう。 （こたえ：2 音節）
computer ○　●　○	computer は 3 音節（com-put-er）ですから，手を 3 回叩きます。2 音節目が強く発音されるのとは対照的に com- や -er は思い切り「弱く・低く・短く・あいまいに」発音するよう意識させてください。英語の発音では，強弱のメリハリがとても重要です。 （こたえ：3 音節）

コラム1

強い息を伴う [p], [t], [k] の発音

　相手にとって通じやすい英語の発音をするためのコツの1つに単語の最初にくる /p/, /t/, /k/ の発音があります。pen, pig, ten, tall, cat, coat などがその音で始まっていますが，[p], [t], [k] の音で始まり，かつ，すぐ後ろの母音が強く発音される単語の場合(注)，これらの音は強い息を伴って発音されるので，帯気音と呼ばれています。（▶ QR コードで音声チェック！）

　自分の発音が正しいかどうかは，ティッシュペーパーを使って確認ができます。

①ティッシュの両角を両手で持って広げ，口元に近づけて顔の前に垂らします。
②両唇をしっかり閉じて，肺からの空気をせき止め，口の中に強い圧力を感じてから，両唇を一気に開放して，pen や pig と言うと，思い切り強い息が吐き出されます。この時に，ティッシュが水平になるぐらいまで上がれば，[p] の発音は合格です。同様に，[t] は舌先で，[k] は舌の奥のほうでせき止めた肺からの空気を，一気に勢いよく吹き飛ばすように ten, tall, cat, coat を発音するとティッシュが大きく揺れます。ぜひ確認してみてください。（▶ QR コードで音声チェック！）

　空の紙コップでも帯気音の発音チェックができます。長めのテーブルの上に紙コップを逆さに立てて，紙コップめがけて単語を発音してみましょう。紙コップが勢いよく前方に飛んでいけば，成功です。子どもたちに同じ単語を発音させて，紙コップの動いた距離を競争させると楽しみながら帯気音のコツを身につけさせることができます。

(注) [p], [t], [k] で始まる単語であっても，すぐ後ろの母音が強く発音されない場合には (potato, tomato, computer など)，語頭の [p], [t], [k] は帯気音にはなりません。

2 付属動画　第2回～第10回の内容

PART 1　Japanese or English？　外来語？　英語？
どっちの発音かな？

使用語彙とイラスト	動画場面
bus / バス	bus の頭音の［b］は両唇をしっかり閉じます。語末の［s］の音の後に余分な母音の「う」を入れて，「bus う」と発音しないよう気をつけましょう。真ん中の母音 u［ʌ］の発音は日本語の「あ」を，口を大きく開けずに自然に開けた状態で，何かに驚いたようにのどの奥のほうからすばやく短く言うイメージで発音しましょう。
fish / フィッシュ	頭音の［f］は日本語の「フ」と全く違う音です。上の歯を舌唇に軽く当てて，すき間から息を吐き続けると擦れるような音が出ますが，これが［f］の音です。真ん中の［ɪ］の音は「い」と「え」の中間のような音です。「fish う」のように語末に余分な「う」を入れないよう気をつけましょう。
drink / ドリンク	英語の drink は1音節単語ですから，1拍で発音します。「d お rink う」のように余分な母音を入れて発音すると，1拍で発音することができませんから気をつけましょう。頭音の子音連結［dr］の発音は［d］を出すと同時に舌を丸めて発音してみましょう。［r］を発音する際には，舌先を歯ぐきに絶対につけないよう意識して練習してください。

 QR コードで PART 1～5の音声チェック！

第2回

PART 2 Which word？ どっちの単語？

目的 今回の問題は① box/fox，② can/pan，③ house/mouse です。
①は第 7 回，②は第 4 回の Part 3 Onset & Rime でも扱います。この
Part 2 で少しずつ語彙を増やしながら，頭音の違いにまず気付き，次
第に Onset & Rime の学習でさらに深い気付きができるようにしていき
ます。破裂音，鼻音，摩擦音を扱っています。

音声指導の際の留意点

　「音を聞く」だけでなく，発音の違いを捉えられるように，口の開け方や，
口の作り方がどのように違うのか，気付きを促していきましょう。例えば，
box の［b］と fox［f］では，明らかに口の動きが異なります。初習レベル
の子どもにとって，聞き取りや発音指導の手立てとして，「見る」視覚保障
をしていくことは，学級に在籍する様々な子どもが英語音声を理解していく
上で非常に大切です。傾聴姿勢の指導を徹底してください。

音声指導や教員研修でお薦めの活動例

　今回出題するペアの -ox と -an は同じライムを持つ単語が他にもあります。
動画視聴の後は，絵カードから ox，man，fan も追加して，頭音の区別がで
きるかどうかクイズをしてみてください。

使用語彙とイラスト	動画場面
box / fox	-ox の頭音が box は有声破裂音の［b］，fox は摩擦音の［f］です。［b］は聞こえやすく，［f］は教室が静かでないと聞き取りにくい音です。絵カードを見せない状態で 2 つの音［b-f］が判別できるかどうか復習してみるとよいでしょう。-ox の母音の o［ɔ(ɑ)］は日本語のオにならないように，アとオの間のイメージで口を開く練習をしましょう。
can / pan	can も pan も頭音は呼気を強めて破裂する音ですが，［p］は両唇の位置で破裂し，can の［k］の音は口の奥の喉に近いところで音が出ます。日本語の「ク」から母音を取るイメージで［k］と強い息を出してみてください。ライムの -an は第 4 回 Part 3 で取り上げます。母音［æ］は，アの母音しか持たない日本人にとっては習得が大変難しい英語母音の 1 つです。ALT に pen と pan を両方発音してもらって，「どっちを発音しているでしょう？」クイズをしてもらい，［æ-e］の 2 つを比べて判別することができればこの段階では良いと思います。まずは頭音［k-p］の違いを認識させましょう。
house / mouse	頭音の［h-m］は比較的わかりやすい問題です。［h］は摩擦音，［m］は鼻音です。ライムの ouse［aʊs］は，児童レベルの単語としては他に blouse（ブラウス）があります。しかし，［h］は単独では聞こえづらい音素ですので，静かにして頭音だけで聞こえるかどうか子どもに尋ねてみてください。

PART 3 Onset & Rime 単語が変身‼
頭の音が変わったら別の単語になるよ

音声指導の際の留意点　rime：-at の学習

　rime：-at の学習の2回目で bat ⇒ hat ⇒ fat と発音されます。

　頭音を聞いて，音素から文字に対応しやすい単語の順番で提示されていきます。前回の bat を最初に使って，子どもの様子をうかがってみましょう。次の2番目と3番目の単語の頭音は前回使っていない「摩擦音」となります。英語の摩擦音は，発音も日本人にとって難しいですが，f［f］, s［s］, th［θ/ð］などは日本語の摩擦音（サ行やハ行）に比べ周波数が高いため，聞き取りづらい音素なのです。ましてや，小学校の教室環境では後方に座っている子どもや聴力が低い子どもにとっては，大変聞き取りづらいと思われます。教室内には聞こえづらい子どももいますので，先生が発音する際は，静かに集中してしっかり「聞く」傾聴姿勢も音声指導では大事な指導ポイントです。

　第1回で bat/cat の頭音の破裂音，mat の鼻音，rat の半母音を扱いました。聞き取りの観点で言うと摩擦音の方が難しいので第2回で扱うことにしました。2回とも視聴されたら，ぜひ2回分の6単語を使って復習してみましょう。-at の単語は他にも pat, chat などがあり，-at のオンセット＆ライムに慣れてきたら，応用として一緒に扱って子どもの反応を観察してみましょう。また，発音が難しくても，ライム表現に挑戦してみましょう。

使用語彙とイラスト	動画場面
　　bat	abcdefghijklmn opqrstuvwxyz at 両唇で破裂させる有声の［b］です。このパートの活動に慣れていくため，第 2 回でも -at をまず最初の問題としました。
hat	2 番目の hat の頭音は，無声の摩擦音［h］です。日本語のハヒヘホの母音を削除すると［h］の音です。日本語には［f］はないので，日本語のフと発音しがちで，［h］と［f］の区別があいまいになってしまいます。そこでこの回では hat と次の fat を扱い，区別ができるかどうかを見ています。
fat	fat の［f］は無声摩擦音で，よく「上の唇で下の唇をかむようにして」と発音指導を受けた先生もいると思います。かまなくても軽くおさえるだけでもかまいません。また，［f］が無声なら，有声は［v］です。［f］–［v］–［f］–［v］と交互に発音できるかどうか練習させると，同じ位置で無声と有声が発音されていることに納得できると思います。

※p. 192 の Onset & Rime ワークシート 1 を活用しましょう。

PART 4　Can you guess the word？
　　　　　何の単語かわかるかな？

使用語彙とイラスト	動画場面
kangaroo ○　○　●	3つの音のかたまり，すなわち3音節から成る単語です。動画では kan-ga-roo のように音節の区切れを表示しています。3音節目の -roo が第1強勢を持つ音節で，この部分を「強く・高く・長く・はっきりと」発音しましょう。1音節目の kan- は2番目に強く発音される音節ですので，-roo ほど大げさに強く発音しなくて大丈夫です。真ん中の -ga- は思い切り「弱く・低く・短く・あいまいに」発音し，他の音節との違いが際立つようにすると，英語らしい発音となります。
library ●　○　○	3音節から成る単語です。動画では li-brar-y のように音節の区切れを表示しています。この単語は1音節目 li- がいちばん強く発音されますが，2音節目と3音節目は同じ長さではなく，2番目が中程度（第2強勢）で，3音節目が弱音節です。弱音節では思い切り「弱く・低く・短く・あいまいに」発音しましょう。 　日本人英語学習者が苦手とする ［l］と ［r］の両方の音素を含む単語ですので，これらの音の発音にも意識を向けましょう。
peanut ●　○	2音節から成る単語です。動画では最初，-nut → pea- の順番で音節が読み上げられますので，音節の順番を入れ替え，足し算すると，pea-nut となります。1音節目 pea- が強く発音され，2音節目 -nut は弱く発音されます。 　語頭の ［p］の音は唇でせき止めた肺からの空気を，一気に勢いよく吹き飛ばすように発音しましょう。

第2回

PART 5 How many syllables？　音節数はいくつ？

使用語彙とイラスト	動画場面
bicycle ●○○	bicycle は3音節（bi-cy-cle）ですから，3回手を叩きます。1音節目の bi- は思い切り「強く・高く・長く・はっきりと」，それ以外の音節は「弱く・低く・短く・あいまいに」発音します。2音節目の -cy- は「スぃ」のように発音します。「シ」と発音しないように注意しましょう。 （こたえ：3音節）
kitten ●　○	kitten は2音節（kit-ten）ですから，2回手を叩きます。1音節目の kit- は「強く・高く・長く・はっきりと」，2音節目の -ten は「弱く・低く・短く・あいまいに」発音し，強弱のメリハリをつけましょう。 （こたえ：2音節）
butterfly ●　○　○	butterfly は3音節（but-ter-fly）ですから，手を3回叩きます。この単語は1音節目 but- が第1強勢ですので「強く・高く・長く・はっきりと」発音しましょう。3音節目 -fly は中程度に強く（第2強勢）発音します。間の -ter- は思い切り「弱く・低く・短く・あいまいに」発音しましょう。 　3音節目の -fly には日本人の苦手な [l] の音があります。[l] を発音する際には，舌先を必ず歯ぐきにつけるようにしてください。 （こたえ：3音節）

ほとんど聞こえない語末の [p], [t], [k] の発音

　コラム 1 では，語頭の [p], [t], [k] を帯気音として発音する場合を紹介しましたが，これらの音が語末にくる場合，逆にほとんど息が聞こえない場合があります。例えば，cat は語頭に [k] の音があり，語末は [t] の音で終わっています。語頭の [k] は強い息を伴って発音される帯気音です。これとは対照的に語末の [t] は強い息を出さずに軽く音を添えるように発音されることが多いのです。cat の [t] を発音する際に，語末の [t] の音はほとんど聞こえず，「ケァッ」のように発音されます。cat を発音する際は，「catお」のように余分な母音「お」を入れないで発音することはもちろんのこと，語末の [t] を強い息とともに発音しないように気を配りましょう。

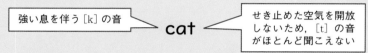

| 強い息を伴う [k] の音 | cat | せき止めた空気を開放しないため，[t] の音がほとんど聞こえない |

　cat 同様に，[t] の音で終わる単語には下記のようなものがあります。（▶ QR コードで音声チェック！）

　　goa<u>t</u>, coa<u>t</u>, ba<u>t</u>, ma<u>t</u>, ra<u>t</u>, carro<u>t</u>, ha<u>t</u>, fa<u>t</u>

　また，語末が [p] で終わる単語や [k] で終わる単語も強い息を出さないようにして発音します。[p] の音で終わる単語には下記のようなものがあります。

　　mo<u>p</u>, to<u>p</u>, gra<u>p</u>e, hel<u>p</u>, jum<u>p</u>, ro<u>p</u>e, shee<u>p</u>, sho<u>p</u>

[k] の音で終わる単語には下記のようなものがあります。

　　des<u>k</u>, noteboo<u>k</u>, drin<u>k</u>, coo<u>k</u>, boo<u>k</u>, mil<u>k</u>, in<u>k</u>, pin<u>k</u>

　[p], [t], [k] は声帯の振動のない無声音ですが，声帯の振動のある有声音はそれぞれ [b], [d], [g] です。これら 3 つの有声の破裂音も語末にくる場合には，息を出さないで飲み込むように発音します。（▶ QR コードで音声チェック！）

語末が [b] の音で終わる単語　　clu<u>b</u>, tu<u>b</u>, we<u>b</u>, ca<u>b</u>, cra<u>b</u>
語末が [d] の音で終わる単語　　bir<u>d</u>, be<u>d</u>, car<u>d</u>, col<u>d</u>, foo<u>d</u>, han<u>d</u>
語末が [g] の音で終わる単語　　bi<u>g</u>, pi<u>g</u>, fi<u>g</u>, wi<u>g</u>, ba<u>g</u>, bu<u>g</u>, ru<u>g</u>, mu<u>g</u>

第 3 回

PART 1　Japanese or English？　外来語？　英語？　どっちの発音かな？

使用語彙とイラスト	動画場面
panda / パンダ	語頭の［p］の音は唇でせき止めた肺からの空気を，一気に勢いよく吹き飛ばすように発音しましょう。頭音に続く母音［æ］は「あ」と「え」の中間のような音「エァ」です。語末は綴りでは da と書かれていますが，「d あ」のような日本語の「あ」ではなく，あいまいな［də］です。
penguin / ペンギン	panda 同様，語頭の［p］の音は唇でせき止めた肺からの空気を，一気に勢いよく吹き飛ばして発音します。guin の部分はカタカナの「ギン」にならないよう気をつけましょう。［w］の音が入って，「グゥィンヌ」のようになります。penguin は 2 音節語（pen-guin）ですから，2 拍で発音しましょう。
cheese / チーズ	cheese の真ん中の母音 ee ［i］の部分は日本語の「いー」よりも，強く緊張した音です。子供がいじわるい顔を向けて「いーっだ！」と言うときに強めに発音される「いーっ」をイメージしましょう。この際，思い切り唇を横に引き，口を開け過ぎないように，ただし，しっかりと肺から息を出して発音してください。

▶ QR コードで PART 1〜5 の音声チェック！

PART 2　Which word？　どっちの単語？

> **目的** 今回の問題は① moon/spoon，② tie/pie，③ kitten/mitten です。
> ①では子音が2つ並ぶ子音連結，③は2音節単語というように，第1回，
> 第2回よりは少しレベルを上げています。

音声指導の際の留意点

「音を聞く」だけでなく，発音の違いを捉えられるように，口の開け方や，口の作り方がどのように違うのか，気付きを促していきましょう。①では子音を2つ並べる子音連結を扱います。日本語の性質から，「ス」と母音がくっつきやすいので，sp, sp と子音が続けて言えるようにしましょう。

音声指導や教員研修でお薦めの活動例

動画で使った絵カードを使って「どっちの単語を言ったのでしょう？」クイズをしてみましょう。第1回や第2回でも使用した単語も入れてください。

教師は最初は2つの絵カードを持ち，顔が子どもに見えるようにしてどちらかを発音してみます。必ず「先生の口の形をよく見てね。」と傾聴姿勢を指導してください。コロナ禍では，透明マスクやフェイスシールドを着用しての指導が可能です。ただし，感染状況によってはこれらが不可になる学校もあるようです。そのような場合は，動画視聴時から傾聴姿勢を徹底し，マスクをしたまま映像と一緒に発音するよう指導してください。

次に，絵カードで顔を隠して，「今度は口の形が見えないよ。どっちを発音しているでしょう。」と言って，問題を出してください。②番の ［t］［p］の破裂音は，集中して聞かないと間違えやすいです。また，聞こえづらい子どもにとっては，教室がざわざわしているとますます判別がつきにくいので，聞き取りの際は静かにする環境作りが大変重要です。

使用語彙とイラスト	動画場面
　moon / spoon	spoon の頭音は［s］と［p］の 2 つの子音が続く「子音連結」という日本語にはない特徴があるため，「スプーン」とカタカナで発音すると，母音の「う」まで発音していることになります。頭音が全く違う音の比較なので，問題は易しいですが，spoon は発音してみると，最初の［s］が脱落してしまう子どもがかなりいます。また，摩擦音［s］は，周波数が高く，騒がしい環境では特に聞こえづらい音です。さらに聞こえが悪い子どもにとっては，そもそも聞こえていない可能性もありますので，頭の部分だけ sp, sp, spoon のように繰り返して発音し，［s］音を意識させるようにしてください。また，子どもの中には［s］は言えて［p］が抜ける場合があります。 　子ども対象の -oon の単語は他にも noon, balloon, cartoon（マンガ）などがあります。
tie / pie	頭音の［t］も［p］も無声破裂音です。英語の［t］は舌先が歯茎（上の歯の裏部分）に接触することを意識させ，pie の［p］は呼気を強めて上と下の唇を合わせて破裂させるように発音してみましょう。
kitten / mitten	kitten の頭音の［k］は舌の奥の部分，または上あごの奥の部分で発音される破裂音です。のどの部分に軽く手を添えて［k］と発音してみましょう。 　-itten の部分はローマ字読みにならないように，t の部分は日本語のようにはっきり発音しません。tt が 2 つ続くような場合は，［t］より［d］か［r］が軽く発音されているように聞こえます。これを「フラッピング」と呼んでいます。butter の tt はタよりラのように聞こえます。1 つ目の音節 kit, mit にアクセントがあって強く発音されるので，2 音節目は弱く聞こえます。真似して発音してみましょう。

第3回

PART 3 Onset & Rime　単語が変身 !!
頭の音が変わったら別の単語になるよ

音声指導の際の留意点　rime：-ig の学習

　rime：-ig の学習で big ⇒ pig ⇒ fig ⇒ wig と発音されます。頭音が破裂音有声［b］⇒ 破裂音無声［p］⇒ 摩擦音［f］⇒ 半母音［w］の順番で展開していきます。-at の学習で hat や fat の摩擦音［f］，rat の半母音［r］も扱いましたので，今回も摩擦音［f］と半母音［w］を扱い，次第に音素の種類を増やしています。聞き取りやすさ，発音の難しさを考慮に入れ，かつ，1音素が1文字に対応できる単語を扱うことによって，読み書き指導に発展することもできます。第1章の pp. 46〜47 を参照し，付録2のワークシートを活用してください。

-ig のライム表現に挑戦！　チャンツで言ってみよう！

　ライム表現を使って文脈のある音声指導作りをしてみましょう。同じ音が沢山出てくる韻の表現（rhyme）は，発音を真似するだけでなく，意味も分かって表現できるので，子どもは言えるようになると，授業外でも廊下で口ずさんで歩いていたりします。チャンツの指導法は第1章 pp. 49〜51 を参照してください。

　四分音符打点と太字部分が合うようにリズミカルにタッピングしてみましょう。（▶ QR コードで音声チェック！）

裏拍	♩	♩	♩	♩	♩	⁏⁏⁏
A	big	pig in a	wig	eating a	fig	

使用語彙とイラスト	動画場面
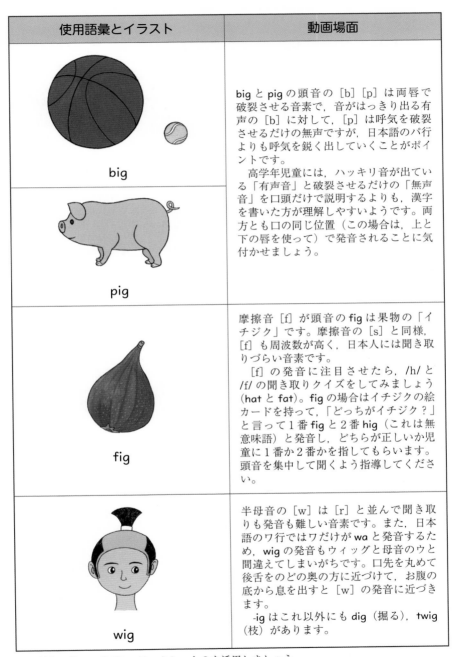 **big** **pig**	big と pig の頭音の［b］［p］は両唇で破裂させる音素で，音がはっきり出る有声の［b］に対して，［p］は呼気を破裂させるだけの無声ですが，日本語のパ行よりも呼気を鋭く出していくことがポイントです。 　高学年児童には，ハッキリ音が出ている「有声音」と破裂させるだけの「無声音」を口頭だけで説明するよりも，漢字を書いた方が理解しやすいようです。両方とも口の同じ位置（この場合は，上と下の唇を使って）で発音されることに気付かせましょう。
fig	摩擦音［f］が頭音の fig は果物の「イチジク」です。摩擦音の［s］と同様，［f］も周波数が高く，日本人には聞き取りづらい音素です。 　［f］の発音に注目させたら，/h/ と /f/ の聞き取りクイズをしてみましょう（hat と fat）。fig の場合はイチジクの絵カードを持って，「どっちがイチジク？」と言って 1 番 fig と 2 番 hig（これは無意味語）と発音し，どちらが正しいか児童に 1 番か 2 番かを指してもらいます。頭音を集中して聞くよう指導してください。
wig	半母音の［w］は［r］と並んで聞き取りも発音も難しい音素です。また，日本語のワ行ではワだけが wa と発音するため，wig の発音もウィッグと母音のウと間違えてしまいがちです。口先を丸めて後舌をのどの奥の方に近づけて，お腹の底から息を出すと［w］の発音に近づきます。 　-ig はこれ以外にも dig（掘る），twig（枝）があります。

※p. 193 の Onset & Rime ワークシート 2 を活用しましょう。

PART 4 Can you guess the word？
何の単語かわかるかな？

使用語彙とイラスト	動画場面
elbows ● ○	2音節から成る単語です。動画では el-bows のように音節の区切れを表示しています。1音節目の el- を「強く・高く・長く・はっきりと」発音しましょう。2節目の -bows は思い切り「弱く・低く・短く・あいまいに」発音し，強弱のメリハリをつけるようにしましょう。
robot ● ○	elbows 同様に，2音節から成る単語です。動画では ro-bot のように音節の区切れを表示しています。1音節目 ro- を「強く・高く・長く・はっきりと」，2節目の -bot は「弱く・低く・短く・あいまいに」発音します。 　1音節目は日本語のように「ロ」と発音しないように注意。「ロゥ」のようになります。[r] は舌先を丸めて，歯茎には絶対につけないよう意識しましょう。唇も突き出して丸めます。
panda ● ○	elbows, robot 同様に，2音節から成る単語です。動画では最初，-da → pan- の順番で音節が読み上げられますので，音節の順番を入れ替え，足し算すると，pan-da となります。1音節目 pan- が強く発音され，2音節目 -da は弱く発音されます。 　語頭の [p] の音は唇でせき止めた肺からの空気を，一気に勢いよく吹き飛ばすように発音しましょう。

PART 5　How many syllables？　音節数はいくつ？

使用語彙とイラスト	動画場面
donut ● ○	donut は 2 音節（do-nut）ですから，手を 2 回叩きます。1 音節目の do- を「強く・高く・長く・はっきりと」，2 音節目の -nut の部分やは逆に思い切り「弱く・低く・短く・あいまいに」発音し，強弱のメリハリをつけましょう。do- は「ドゥ」のように発音します。日本語の「ドーナツ」につられて do- を「ドー」のように長く伸ばして発音しないように気をつけましょう。 （こたえ：2 音節）
jacket ● ○	donut 同様，jacket は 2 音節（jack-et）ですから，手を 2 回叩きます。強弱のパターンも donut と同じで，第 1 音節 jack- を「強く・高く・長く・はっきりと」，第 2 音節 -et を「弱く・低く・短く・あいまいに」発音します。jack- の母音 a［æ］は「あ」と「え」の中間のような音「エァ」です。 （こたえ：2 音節）
potato ○ ● ○	potato は 3 音節（po-ta-to）ですから，3 回手を叩きます。日本語の「ポテト」も 3 モーラですから，手を 3 回叩いて発音するのですが，英語と日本語とでは強弱パターンが違います。英語の potato は 2 音節目 -ta- を思い切り「強く・高く・長く・はっきりと」発音し，それ以外の音節は「弱く・低く・短く・あいまいに」発音しましょう。 （こたえ：3 音節）

コラム3
アルファベットの「音」読み

　子どもから「cat はどうして［kæt］と発音するの？」と質問されたらどのように回答しますか。子どもたちの多くは学校で英語に触れる前に，A, B, C を［eɪ］，［bi:］，［si:］のように読むことを知っています。A, B, C がそれぞれ［eɪ］，［bi:］，［si:］だとすると，cat は［si:eɪti:］と読まれるはずですが，そうは読まれずに，cat は［kæt］と発音されます。なぜでしょう？

　実は，A, B, C の［eɪ］，［bi:］，［si:］は，アルファベットの文字の「名前」で，それぞれの文字には「音」があるのです。A，B，C のそれぞれの音は［æ］，［b］，［k］です。cat は c, a, t それぞれの文字の「音」を足し算して［k］＋［æ］＋［t］＝［kæt］という発音になるのです。

　アルファベット文字の ABCD は「音」で読むと，［æ b k d］となることから，アルファベットを音で読み上げていくことを「アブクド読み」と呼ぶ人もいます。先生方も「アブクド読み」を何度も唱えて，アルファベット1文字の「名前」と「音」を一致させるようにしてください。

アブクド読み（▶ QR コードで音声確認！）

	音	発音のワンポイント・アドバイス		音	発音のワンポイント・アドバイス
a	［æ］	口を横に広げて	n	［n］	舌先を上の歯ぐきにつけて
b	［b］	両くちびるをしっかり閉じてから破裂	o	［ɑ(ɔ)］	口を縦に大きく開けて
c	［k］	舌の奥を上あごの奥にくっつけてから破裂	p	［p］	両くちびるをしっかり閉じてから破裂
d	［d］	舌先を上の歯ぐきにくっつけてから破裂	q	［k］	舌の奥を上あごの奥にくっつけてから破裂
e	［e］	口を横に広げて	r	［r］	舌先を丸めて，歯ぐきにつけないで
f	［f］	上の歯を下くちびるに軽く当てて	s	［s］	舌先を上の歯ぐきに近づけて
g	［g］	舌の奥を上あごの奥にくっつけてから破裂	t	［t］	舌先を上の歯ぐきにくっつけてから破裂
h	［h］	のど奥から息を吐く	u	［ʌ］	口を大きく開けないで
i	［ɪ］	口を横に開いて	v	［v］	上の歯を下くちびるに軽く当てて
j	［dʒ］	舌の前半部を上の歯ぐきの後ろにくっつけてから，舌を離す	w	［w］	くちびるを丸めて，前に突き出して
k	［k］	舌の奥を上あごの奥にくっつけてから破裂	x	［ks］	k と s の音をすばやくつなげて
l	［l］	舌先を上の歯ぐきにつけて	y	［j］	くちびるの両端を横にひっぱって
m	［m］	両くちびるをしっかり閉じて	z	［z］	舌先を上の歯ぐきに近づけて

第4回

PART 1　Japanese or English？　外来語？　英語？　どっちの発音かな？

使用語彙とイラスト	動画場面
house / ハウス	house の母音 ou の部分は，日本語の「アウ」よりも口の開き具合の変化を大げさにして，大きく口を開けて「ア」と明るく言った後，滑らかに「ウ」を添えるように発音してみましょう。
game / ゲーム	日本語で「ゲーム」と言うので，game の母音 a を「エー」と長く伸ばして発音してしまう人が多いのですが，この a は ABC（エィビースィ）の A のように，最初の「エ」を強く発音し，「ィ」は軽く添えるように発音しましょう。語末は「m う」のように余分な「う」を入れないよう気をつけてください。
jacket / ジャケット	英語の jacket は 2 音節語（jack-et）で，しかも一つ目の音のかたまり jack を「強く・高く・長く・はっきりと」発音します。-et は逆に「弱く・低く・短く・あいまいに」発音しましょう。「jacket お」のように語末に余分な「お」が入らないように注意しましょう。母音 a［æ］は「あ」と「え」の中間のような音「エァ」です。

 QR コードで PART 1〜5 の音声チェック！

第4回

PART 2 Which word？　どっちの単語？

目的 今回は，① men/ten，② zoo/two，③ name/game です。①は第5回の Part 3 Onset & Rime で登場しますので，まずは頭音の区別ができるかどうかを見ています。②は摩擦音の［z］を扱います。［z］も［t］も舌先を歯茎（上歯の後ろ）へ動かしていくことがポイントです。③は頭音の後に［eɪ］の二重母音が続きます。

▶ **音声指導や教員研修でお薦めの活動例：「無意味語」を入れてカルタ**

　取り扱うミニマルペア以外に初習レベルの語彙の絵カードが見つからない場合は，語彙として存在しない無意味語を活用します。存在している単語（現実単語）を使用することは，子どもに意味のヒントも与えており，語彙学習の効果も期待できます。一方で，初習レベルの単語は，外来語にもなっているので，日本語母語の子どもは日本語の影響が聞き取りや発音に現れてくる支障もあります。そこで，本当に聞き取れているかどうか，存在しない無意味語（あるいは子どもにとって未知の単語）も使って聞き取りクイズやカルタを行ってみてください。

　例）zoo と two の２枚の絵カードを班で１組ずつ配り，子どもは聞こえた単語にタッチする。お手つき単語として，who（無意味語ではないが，子どもは何となくしか知らない）/moo/do/coo/loo/nu/q[kju:]/soo/ などを出してください。

使用語彙とイラスト	動画場面
men / ten	ライムの -en は次の第 5 回の Part 3 で登場しますので，2 つの単語を使ってミニマルペアとして紹介します。頭音は ［m］が鼻音，［t］が無声破裂音です。men の発音は単数形の man と非常に良く似ています。日本語のメンより真ん中の母音 ［e］が ［æ］のようにも聞こえます。Part 3 では単数形の man が登場しますので，動画視聴の後は「men/man どちらを発音しているでしょう？」クイズをしてみると良いと思います。ten は頭音の ［t］をはっきり発音することを心がけましょう。
zoo / two	zoo の頭音は摩擦音で，有声の歯茎音 ［z］です。日本語のズなら舌先が上歯の裏側に触れますが，英語の ［z］は歯茎にも上歯の裏側にも触れません。two は上の ten と同じ舌先が上歯に接触して破裂するように音を作ります。-oo，-wo は綴りが違うのに音が同じ ［u:］です。英語にはこのように，発音が同じで綴りは異なる単語が多いので，初習レベルの子どもへの文字指導にはまず音に対応している文字から指導します。
name / game	頭音は ［n］が鼻音，［g］は破裂有声音です。ネームやゲームと，頭音の後を伸ばすとカタカナ発音になってしまいます。真ん中の母音の a がこの場合は ［eɪ］という二重母音になります。英語の ［n］は舌先が歯茎にくっつくことを意識してください。［g］はのどの奥の方で作られる音です。首に手を当てて ［g］と発音したら，ぐいっと喉が動くことを確認してください。グ ［gu］と後に母音がくっつかないように注意しましょう。 　児童対象の -ame ［eɪm］のライム（韻）は他にも came（come の過去形），same（同じ）があります。

第4回

PART 3 Onset & Rime：-an　単語が変身‼
　　　　頭の音が変わったら別の単語になるよ

音声指導の際の留意点　　rime：-an の学習

　pan ⇒ man ⇒ fan ⇒ van の順番で発音されます。頭音が破裂音［p］⇒
鼻音［m］⇒摩擦音［f］［v］の順番で展開していきます。［v］が有声，［f］
が無声となります。-an の母音の［æ］は，第1回・第2回の -at と同じで，
日本語にない母音なので -an と発音しているのか，-en と発音しているのか
判別がしづらい母音です。絵カードの man と men を用いて「どっちを言っ
ているでしょう？」クイズをしてまず判別ができるようになることが大切で
す。［æ］の母音は，アとエの間くらいで口を横に開けて，舌が低めの位置
にあります。その後に［n］と続けると第1回・第2回で扱った -at よりは
少し長く発音されているように聞こえます。-an の単語は他にも，can（缶）
があります。

-an のライム表現に挑戦！　チャンツで言ってみよう！

（▶ QR コードで音声チェック！）
　主人公の男性が -an のつく単語を持って色々行動するという内容のチャン
ツです。A 対 B のスモールトークとしても使えます。クラス全員で全パー
トを練習したら，クラスを半分に分けて，A 対 B でチャンツをすると盛り
上がります。

　A. A man has a fan.　　　　　B. Because he is hot.
　A. The man has a can and a pan.　B. The man is cooking.
　A. A man has a van.　　　　　B. The man is driving.
　A man has a fan, a can, a pan, and a van.（全員で）

使用語彙とイラスト	動画場面
pan	頭音にある［p］は，両唇で破裂させる無声の［p］です。両唇を使って勢いよく息を破裂されるイメージで発音しましょう。日本語でパンと言ってしまうと，英語の［æ］の発音とはだいぶ違ってしまいます。「ア」と「エ」の中間のような口の開け方で発音してみましょう。
man	man の頭音の［m］は鼻音です。これも［p］と同じ両唇を使って発表する音素ですが，音が鼻から抜けていく音です。上と下の唇の両方をしっかり合わせて［m］の音を出す練習をしてみましょう。
fan	fan の［f］は無声なので，下唇を上歯の下に軽く接触させて声を出さないで息を出してみましょう。この［f］と van の頭音の［v］は同じ位置で発音する摩擦音です。両方とも上歯で下唇を軽く嚙む，あるいはおさえるイメージで発音してみてください。［f］は無声なので，気息だけが出ていく感じです。
van	大人数で乗ったり，荷物を配達するような車の van です。van の［v］は有声なので，下唇を上歯の下に軽く接触させて声を出しながら息を出してみましょう。日本語にない音素なので破裂音の［b］の発音と間違えやすいです。この絵カードを持って，ban/van の「どちらを発音しているでしょう？」クイズをしてみてください。［v］の音がわかるようになるまでは，しっかりと口元に注視させることが大切です。

p. 194 の Onset & Rime ワークシート 3 を活用しましょう。

PART 4 Can you guess the word？
何の単語かわかるかな？

使用語彙とイラスト	動画場面
zipper ● ○	2音節から成る単語です。動画では zip-per のように音節の区切れを表示しています。1音節目の zip- を「強く・高く・長く・はっきりと」発音しましょう。2音節目の -per は「弱く・低く・短く・あいまいに」発音し，強弱のメリハリをしっかりとつけましょう。日本語では「ジッパー」といいますが，英語の語頭は [z] の音ですから，「ズィ」のようになります。日本語の小さい「ッ」が入らないように意識しましょう。
question ● ○	zipper 同様に2つの音節から成る単語です。動画では ques-tion のように音節の区切れを表示しています。1音節目 ques- を「強く・高く・長く・はっきりと」，2音節目 -tion を「弱く・低く・短く・あいまいに」発音します。日本語のように「ク・エ・ス・チョ・ン」と発音すると音のかたまりが5つにもなってしまいます。2つの音のかたまりであることを強く意識し，手を2回叩きながら一緒に発音してみましょう。
hamster ● ○	zipper，question 同様に2音節から成る単語です。動画では最初，-ster → ham- の順番で音節が読み上げられますので，音節の順番を入れ替え，足し算すると，ham-ster となります。1音節目 ham- は「強く・高く・長く・はっきりと」，2音節目 -ster は「弱く・低く・短く・あいまいに」発音します。 　ham- の母音 a [æ] は「あ」と「え」の中間のような音「エァ」になります。

第 4 回

PART 5　How many syllables？　音節数はいくつ？

使用語彙とイラスト	動画場面
dragon ● ○	dragon は 2 音節（drag-on）ですから，2 回手を叩きます。1 音節目 drag- を「強く・高く・長く・はっきりと」，2 音節目 -on を「弱く・低く・短く・あいまいに」発音することで，強弱のメリハリをつけましょう。drag- の母音 a［æ］の音は，日本語の「あ」を発音するときより口を縦に広げ，くちびるを思い切り左右に引きながら「え」と言ったときに出る「エァ」のような「あ」と「え」の中間の音です。［r］の発音にも注意させてください。（こたえ：2 音節）
monkey ● ○	dragon 同様，monkey は 2 音節（mon-key）ですから，手を 2 回叩きます。強弱のパターンも dragon と全く同じで，1 音節目 mon- を「強く・高く・長く・はっきりと」，2 音節目 -key を「弱く・低く・短く・あいまいに」発音してください。mon- の母音 o［ʌ］の発音は，口を大きく開け過ぎず短めに「ア」と言ってみましょう。 （こたえ：2 音節）
radio ● ○○	radio は 3 音節（ra-di-o）ですから，手を 3 回叩きます。1 音節目の ra- を「強く・高く・長く・はっきりと」と発音し，残りの音節の -di- と -o は「弱く・低く・短く・あいまいに」発音して，強弱のメリハリをつけましょう。語頭には日本人の苦手な［r］の発音があります。［r］の発音の際には，舌先を浮かせて，歯ぐきに絶対にくっつけないよう意識してください。（こたえ：3 音節）

コラム4

フォニックス 「マジックEの法則」

　フォニックスとは,「文字と音の関係性」を教える学習方法です(p.55参照)。英単語の綴りの規則性としてはさまざまなものがありますが, その中でも特によく知られている規則が「マジックE」です。まずは次の単語ペアの発音を聞いてみましょう。(▶QRコードで音声チェック!)

cut　cute

　cut の c, u, t それぞれの文字は [k], [ʌ], [t] という「音」を持っているので, それを足し算すると [k]+[ʌ]+[t]=[kʌt] という発音になります。cute についても同様に考えると e のアブクド読みは /e/ ですから, 足し算すると [k]+[ʌ]+[t]+[e]=[kʌte] となるはずです。ところが実際はcute は [kjuːt] と発音されます。

　実は, 単語の最後が e で終わっているときは, その e は発音しないのです。さらに, この e のパワーでその直前にある母音 u の発音が [ʌ] から,「文字の名前」である [juː] に変身してしまうのです。この e はそんな不思議なパワーを持っているので「マジックE」と呼ばれています。e 自体は発音しないので「サイレントE」と呼ぶ人もいます。「サイレント」(silent)は「静かな, 音がしない」という意味です。

　このように単語の最後に e がつくと, 直前の母音字をアルファベットの「音」読みから,「名前」読みに変えてしまうというのが「マジックEの法則」です。下記の単語ペアの発音も確認しておきましょう。

(▶QRコードで音声チェック!)

tub	tube	cub	cube	cap	cape
浴槽	チューブ	ライオンの子	キューブ	縁なし帽	ケープ

mat	mate	win	wine	hop	hope
マット	仲間	勝つ	ワイン	ひょいと跳ぶ	希望

(注) ただし「マジックEの法則」が適用されない単語(give, have や「住む」という意味の動詞の live など)もありますので, この法則が万能だと過信しないようにしてください。

第 5 回

PART 1　Japanese or English？　外来語？　英語？
どっちの発音かな？

使用語彙とイラスト	動画場面
lion / ライオン	英語の lion は 2 音節語（li-on）です。日本語では「ライオン」の「オ」がはっきり聞こえますが，英語では最初の音のかたまり li- を「強く・高く・長く・はっきりと」発音するため，強勢をもたない -on の部分ははっきりとは聞こえません。語頭の［l］の発音の際には，舌先を必ず歯ぐきに押し当てましょう。
orange / オレンジ	英語の orange も lion とまったく同じく 2 音節（or-ange）で，かつ，同じ「強弱」（●○）のパターンで発音される語です。まちがって「弱強」パターンで発音する人も多いので気をつけましょう。語頭の o の発音は［ɔ］または［ɑ］となります。［r］の発音の際には，舌先を浮かせて，歯ぐきに絶対にくっつけないよう意識してください。
socks / ソックス	英語の socks は 1 音節語ですから，1 拍で発音します。「s お ck う s う」のように余分な母音を入れて，あごがガクガク動かないよう気をつけて発音してください。母音の o［ɑ］は口を縦に大きく開けて，「強く・高く・長く・はっきりと」発音しましょう。

▶ QR コードで PART 1〜5 の音声チェック！

第5回

PART 2 Which word? どっちの単語？

目的 今回は第4回 Part 3 Onset & Rime で扱った man/van/fan と，子音連結の聞き取りや発音の練習として rain/train を取り上げます。① man/van，② fan/van，③ rain/train の順番で登場します。①②は特に唇の動きに注視していれば発音の違いがわかるようになります。この2問は前回（第4回）の Onset & Rime の復習になります。頭音はどちらも両唇を使って発音しますので，口元をよく見ていないと，日本人には聞き取りだけでは難しい音素です。③は日本人にとっては難しい［r］の発音に加えて，頭音に［t］がくっついて tr- という子音連結を扱います。聞き取りの判別だけでなく，積極的に発音をまねることをうながしてあげましょう。

音声指導や教員研修でお薦めの活動例

［r］の発音に触れる活動としてライム（歌）"Rain, rain, go away" をチャンツで言ってみましょう。カタカナの「レイン」にならないようにしましょう。 （▶QRコードで音声チェック！）

"Rain, rain go away
Come again another day.
Rain, rain go away
Little Johnny wants to play."

✓ ［r］の発音
舌先を上へ巻き上げるときに，舌全体もぐっと上へ上げていくイメージで，なるべく上の歯ぐきの後ろの方が狭くなることを意識しましょう。このとき，舌先は歯ぐきには付きません。

✓ ［l］の発音
舌先を上の歯のつけ根に付けて，日本語ラ行と同じ感覚で発音してみましょう。

使用語彙とイラスト	動画場面
 man / van fan / van	第 4 回の Part 3 Onset & Rime（p. 96）でそれぞれの単語の発音方法を確認してください。 他の -an の単語（pan, can）も一緒に聞き取りクイズをしたり，文字と結びつける活動（p. 194 の Onset & Rime ワークシート 3）をやってみましょう。
 rain / train	このペアは rain に［t］が足されて rain と train の聞き分けをする問題です。train の頭音は子音連結なので，トレインと発音しないように気をつけましょう。頭音の［t］が落ちたり，［r］が言えずにトゥエインのように発音する傾向が子どもにはあります。rain の頭音の r［r］は舌先を後方へ丸めるように反って発音します。日本語のラ行の発音はローマ字で r で綴り，英語には［r］と［l］の 2 つの音素があるのに，日本語には 1 つしかなく英語の 2 つの音素を日本語にある方で代替してしまうので，聞き取りも発音も困難になってしまいます。まずは r［r］で始まる絵カードをたくさん使って発音を聞く，まねさせるの繰り返しで，［r］の発音に触れていきましょう。 ［r］-［l］の判別アクティビティは第 3 章 p. 166 を参照してください。

第5回

PART 3　Onset & Rime　単語が変身!!
　　　　　頭の音が変わったら別の単語になるよ

> **音声指導の際の留意点**　rime：-en の学習

　pen ⇒ men ⇒ ten ⇒ hen の順番で発音されます。頭音が破裂音（両唇音）⇒鼻音（両唇音）⇒破裂音（歯茎音）⇒摩擦音の順番で展開していきます。

　単語は既にミニマルペアに出てきましたね。動画視聴の際には，2つめの単語を聞いたところで，単語の構成（ここではライム）がわかって3問目の単語を予測して発音する子どもも出てくるのではないでしょうか？　復習の際には，頭音を取ると何が残るか尋ねて，rime の部分への気付きをうながしてください。

> **-en のライム表現に挑戦！　チャンツで言ってみよう！**

（▶ QR コードで音声チェック！）

Three men have ten pens and ten hens.

How many men？ – Three men.

How many pens？ – Ten pens.

How many hens？ – Ten hens.

Three men have ten pens and ten hens.

使用語彙とイラスト	動画場面
pen	両唇で破裂させる無声の［p］です。カタカナの「ペン」にならないように，息を強めて，両唇を使って［p］の音を破裂させてみましょう。
men	［m］も［p］と同様，両唇を使って発音する音素ですが，発音すると鼻から音がぬけていく鼻音です。既に，mouse, moon, mitten を取り上げていますので，鼻音についての知識を尋ねてみましょう。鼻をつまんでくれる子どももいると思います。難しい発音ではありませんが，カタカナのメンと言わず，両方の唇をきっちり合わせて［m］がはっきり聞こえるように発音しましょう。
ten	ten の頭音の［t］は［p］と同じ破裂音ですが，舌先が歯茎にくっついて発音されていく音です。これもしっかり息を強めて［t］を発音し，-en に続けてみましょう。
hen	［h］は［f］と紛らわしいので気をつけましょう。日本語のハとはっきり言わずに，母音がつかないように［h］だけ息を出してみましょう。後方に座っている子どもには聞こえづらくなりますので，静かな環境で［h］を聞かせて，［f］と［h］の発音の違いを教えましょう。この hen の単語を使って絵カードを見せながら，hen? fen? と聞いてみましょう。頭音の口の形が違うことが認識できるとよいです。

p. 195 の Onset & Rime ワークシート 4 を活用しましょう。

第5回

PART 4　Can you guess the word？
何の単語かわかるかな？

使用語彙とイラスト	動画場面
rooster ● ○	2つの音のかたまり，すなわち2音節から成る単語です。動画ではroost-erのように音節の区切れを表示しています。1音節目のroost-を「強く・高く・長く・はっきりと」，2音節目の-erは「弱く・低く・短く・あいまいに」発音しましょう。頭音の [r] は舌先を丸めて，歯茎には絶対につけないよう意識しましょう。唇も突き出して丸めます。
salmon ● ○	2音節から成る単語です。動画ではsalm-onのように音節の区切れを表示しています。1音節目salm-を「強く・高く・長く・はっきりと」，2音節目-onは思い切り「弱く・低く・短く・あいまいに」発音し，日本語の「モン」のようにならないよう気をつけましょう。1音節目のsalm-の母音 a [æ] は「あ」と「え」の中間のような音「エァ」になります。lは発音しません。
television ● ○ ○ ○	4つの音のかたまり，すなわち4音節から成る単語です。動画では，tel- → -e- → -vi- → -sion の順番で音節が読み上げられますので，これらの音節を足し算すると，tel-e-vi-sion となります。1音節目 tel- が最も強く発音され，3音節目 -vi- は2番目に強く発音されます。2音節目 -e- と4音節目 -sion は思い切り「弱く・低く・短く・あいまいに」発音しましょう。[v] の音は上の歯を下唇に軽く当てて，すき間から声を出して発音します。「ビ」にならないよう気をつけましょう。

第5回

PART 5　How many syllables？　音節数はいくつ？

使用語彙とイラスト	動画場面
flower ● ○	flower は 2 音節（flow-er）ですから，手を 2 回叩きます。1 音節目 flow- を「強く・高く・長く・はっきりと」，2 音節目 -er は逆に「弱く・低く・短く・あいまいに」発音しましょう。頭音の［f］の音は，上の歯を下唇に軽く当てて，すき間から息を吐いて発音します。日本語の「フ」にならないように気をつけましょう。 （こたえ：2 音節）
cherries ● ○	flower 同様，cherries は 2 音節（cher-ries）ですから，手を 2 回叩きます。強弱のパターンも flower と同じで，1 音節目 cher- を「強く・高く・長く・はっきりと」，2 音節目 -ries は「弱く・低く・短く・あいまいに」発音してください。日本人の苦手な［r］の音が入っていますが，［r］の発音の際には，舌先を浮かせて，歯ぐきに絶対にくっつけないようにしましょう。 （こたえ：2 音節）
tomato ○ ● ○	tomato は 3 音節（to-ma-to）ですから，3 回手を叩きます。日本語の「トマト」も 3 モーラですから，手を 3 回叩いて発音するのですが，英語と日本語とでは強弱パターンが違います。英語の tomato は 2 音節目 -ma- を思い切り「強く・高く・長く・はっきりと」発音し，それ以外の音節は「弱く・低く・短く・あいまいに」発音しましょう。第 3 回 Part 5 に出てきた potato と強弱パターンがいっしょですね。 （こたえ：3 音節）

コラム5 ▶

フォニックス 「おしゃべり母さん・だんまり母さん」

　ここでは，比較的よく知られているフォニックスのルールを紹介します。まずは次の各単語の下線部に注目しながら発音を聞いてみましょう。

（▶ QR コードで音声チェック！）

b<u>oa</u>t　c<u>oa</u>t　g<u>oa</u>t

p<u>ea</u>nut　ch<u>ee</u>se

r<u>ai</u>n　tr<u>ai</u>n

　最初の単語 boat を例に考えると，b, o, a, t それぞれの文字は [b]，[ɑ]，[æ]，[t] という「音」を持っているので，それを単純に足し算すると [b] + [ɑ] + [æ] + [t] ＝ [bɑæt] という発音になるはずです。しかし，実際には boat は [boʊt] のように発音されます。boat の綴りをよく見ると o と a の 2つの母音字が並んでいます。このように2つの母音字が並ぶ場合，1番目の母音字はアルファベットの文字の「名前」読みをし，2番目の母音字はまったく発音しないのです。筆者（高山）は子どもへの説明の際に，「お母さん（母音字）がペアで並んでいる場合，1番目のお母さんはおしゃべりなので，自分の「文字の名前」を大きな声で言うんだ。それに対して，2番目のお母さんはだんまりだから，ひと言もしゃべらない」のように伝え，これを「おしゃべり母さん・だんまり母さんの法則」と呼んでいます。この法則は，2番目の母音字が控え目でおとなしいので，「礼儀正しい母音（polite vowels）の法則」と呼ぶ人も多いようです。

　ただ，法則と言ってもあくまで学習者の頭の整理に役立ちそうなものを簡便・単純にルール化しただけでこの「おしゃべり母さん・だんまり母さんの法則」にも例外が多数あります。本書の映像に出てくる単語でこの例外となるのは下記の単語があります。

b<u>ea</u>r　p<u>ea</u>r
h<u>ou</u>se　m<u>ou</u>se
s<u>ou</u>p
m<u>oo</u>n　sp<u>oo</u>n　z<u>oo</u>　r<u>oo</u>ster　n<u>oo</u>dles　igl<u>oo</u>
b<u>oo</u>k　c<u>oo</u>k
d<u>oo</u>r
p<u>ai</u>r　ch<u>ai</u>r

　より専門的に英語の綴り字と発音について学びたい方には，大名力著『英語の文字・綴り・発音のしくみ』（研究社）がお薦めです。

第6回

PART 1　Japanese or English？　外来語？　英語？
どっちの発音かな？

使用語彙とイラスト	動画場面
bag / バッグ	bag の頭音の［b］は両唇をしっかり閉じます。母音の a［æ］は，日本語の「あ」を発音するときより口を縦に広げ，くちびるを思い切り左右に引きながら「え」と言ってみましょう。「エァ」のような「あ」と「え」の中間のような音が出るはずです。語末に余分な「う」を入れて「g う」にならないようにしてください。
chalk / チョーク	英語の chalk は 1 音節語ですから，1 拍で発音しましょう。真ん中の母音は日本語の「お」よりも舌と唇を緊張させて，唇を丸めて，口の奥のほうから「オー」としっかり強い息を出して発音しましょう。語末に余分な「う」を入れて，「k う」にならないよう意識しましょう。
hamster / ハムスター	英語の hamster は 2 音節語（ham-ster）で，「強弱」（●○）のパターンで発音されます。1 つ目の母音の a［æ］は bag の a 同様，「エァ」のような「あ」と「え」の中間のような音になります。「ham う s う ter」のように余分な「う」を入れがちですので，気をつけましょう。

▶ QR コードで PART 1〜5 の音声チェック！

第6回

PART 2 Which word? どっちの単語？

> **目的** 今回は① ham/jam, ② bug/rug, ③ mug/rug の問題です。②と③のライム -ug は Part 3 Onset & Rime では取り扱いませんが, 真ん中の母音の [ʌ] は, いわゆる「ア」に代替される英語母音（[æ, ɑ, ɔ, ʌ] など）の中でも紛らわしく, 判別しづらい音素です。「あ」のように口を大きく開けず, 軽く発音するくらいでちょうどいい [ʌ] の発音になります。

音声指導の際の留意点

「音を聞く」だけでなく, 発音の違いを捉えられるように, 口の開け方や, 口の作り方がどのように違うのか, 気付きを促していきましょう。今回は①で綴りが j の破擦音 [dʒ] が登場します。児童には [dʒ] で始まる単語を聞いてみましょう。jam をきっかけに破擦音の明示的な指導が可能です（指導方法は第 1 章**3** p. 35 参照）絵カードには jacket, jam, jar, jet, jump がありますので活用してください。

②③では半母音と呼ばれる [r] が登場します。日本人が大変苦手な発音ですね。児童には [r] で始まる単語を聞いてみましょう。絵カードには, rabbit, radio, rain, rainbow, rake, rat, red, rice, ring, robot, rock, rocket, rooster, rug, ruler, run がありますので, [dʒ] と同様, 明示的に指導することが可能です。（指導方法は p. 36 をご参照ください。）また, Part 3 と合わせて真ん中の母音 u [ʌ] が頻出するので, チャンツでライム表現を取り入れて親しむ活動を取り入れてみましょう。

-ug のライム：チャンツで言ってみよう！

（▶ QR コードで音声チェック！）

A bug on the rug. Oh no!

A bug in the mug. Oh no!

A bug in the mug on the rug. Oh no!

使用語彙とイラスト	動画場面
 ham / jam	jam の頭音の［dʒ］は破擦音といって h の摩擦音と同様に聞こえづらい音素です。ch で綴る［tʃ］は無声音，［dʒ］は有声音で，どちらも舌先が上の歯の後ろの歯茎に当たるようにして発音してみましょう。唇を少し丸めると発音しやすくなります。jam の他，jar, jacket, jump, 綴りは違いますが，giraffe（キリン）など児童が知っている単語を使う，またアルファベットの g の名前読み［dʒi］と合わせて，集中的に［dʒ］の発音を練習をしてみると効果的です。［dʒ］はアルファベットの z［zi］と大変紛らわしく発音も間違えやすいので，しっかり違いを確認させて練習すると良いでしょう。
 bug / rug	bug は bag の発音と混同しやすいです。絵カードからカバンの絵カードを用意して bag と bug のどちらを発音しているか尋ねてみましょう。bug は口を軽く開けて u［ʌ］を発音し，bag の［æ］は口を横に引っ張ってアとエの間で発音してみてください。rug の［r］も発音は大変難しいです。［r］と［w］は半母音と言って母音に似た特徴を持っている子音で，日本人にはウと聞こえてしまいます。次の Part 3 の run や第 1 回で扱った rat など，r で始める単語を挙げて，集中的に［r］の発音練習をしてみましょう。
 mug / rug	両唇音の［m］と［r］は，聞き取り判別はしやすいですが，発音は難しいと感じます。マグ，ラグとカタカナ発音にならないように，頭音に続く母音の口が大きくならないように心がけましょう。

第6回

PART 3 Onset & Rime　単語が変身‼
頭の音が変わったら別の単語になるよ

音声指導の際の留意点　　rime：-un の学習

　gun ⇒ fun ⇒ sun ⇒ run の順番で発音されます。頭音が破裂音（軟口蓋音）⇒摩擦音（唇歯音）⇒摩擦音（歯茎音）⇒半母音（歯茎音）の順番で展開していきます。

　今回は母音の［ʌ］が集中的に出てきます。子どもは単語の頭音や語末の子音だけでなく，母音の違いにも段々気付いてきていると思います。日本語のアに代替される英語母音は何種類もあることに気付かせる良い機会です。頭音の後，-un が「アン」と大きな「ア」にならないよう，口を軽く開けただけで発音するようにしましょう。fun と fan を両方発音してから「どちらを発音しているでしょう？」クイズをして -un と第4回で学習した -an の違いに気付けると良いですね。また，聞き取りが難しい摩擦音 s 音や発音が難しい半母音［r］が登場しますので，明示的に子音を指導できる機会を設けてはいかがでしょうか。第1章 **3** B （**p. 26**）の「明示的な音素の発音指導と指導順序」をご参照ください。

-un のライム表現に挑戦！　チャンツで言ってみよう！

（▶ QR コードで音声チェック！）

Run, run, run,

Running in the sun,

Eating a bun,

Fun, fun, fun,

Running is fun.

Having a gun is NOT fun！

使用語彙とイラスト	動画場面
gun	第 3 回ではライムの -ig のように単語の終わりで発音した［g］を頭音で発音してみます。日本語のグを息を強め -un に続けてみましょう。ガンではなく，ガンとグンの間くらいのイメージで発音してみてください。
fun	「楽しい」fun が「扇風機」の fan にならないように［f］を息を強めてから，口を大きく開けないで -un に続けます。
sun	［s］は小学校の騒々しい教室環境では聞こえづらい音素です。特に英語の場合，周波数も高いので余計聞こえづらくなります。クラス内に聞こえの悪い児童が在籍している場合，全員が静かになるように集中して聞いてもらう環境を作りましょう。［s］は舌先を上歯の根元に近づけるくらいで，その隙間から息を出すようにしてみましょう。その後に母音［i］を続けたときに，日本語シにならないよう she－sea（see）を両方発音してみましょう。
run	頭音の［r］は第 5 回の Part 2 で rain が登場しました。r で始まる絵カードを沢山使って［r］の発音に触れてみましょう。ランにならないよう舌先を丸めて後方へ反らせ，このとき舌先は口蓋（口の中の天井）にはくっつかないようにします。ライム表現では，特に run がたくさん練習できるように配置しました。

p. 196 の Onset & Rime ワークシート 5 を活用しましょう。

第6回

PART 4 Can you guess the word?
何の単語かわかるかな？

使用語彙とイラスト	動画場面
towel ● ○	2音節から成る単語です。動画では tow-el のように音節の区切れを表示しています。1音節目の tow- を「強く・高く・長く・はっきりと」，2音節目の -el を思い切り「弱く・低く・短く・あいまいに」発音しましょう。日本語の「タオル」とはずいぶん音が違いますので，その違いを意識して，モデル音声をまねてみましょう。
otter ● ○	towel 同様に，2音節から成る単語です。動画では ot-ter のように音節の区切れを表示しています。1音節目の ot- を「強く・高く・長く・はっきりと」，2音節目の -ter を思い切り「弱く・低く・短く・あいまいに」発音しましょう。 　1音節目の o は口を縦に大きく開けて，のどの奥からしっかり声を出して発音してみてください。
water ● ○	towel や otter 同様に，2つの音のかたまり，すなわち2音節から成る単語です。動画では最初，-ter → wa- の順番で音節が読み上げられますので，音節の順番を入れ替え，足し算すると，wa-ter となります。1音節目が強く発音され，2音節目は弱く発音されます。 　頭音の [w] は唇を丸めて，前に突き出して発音しましょう。

第 6 回

PART 5　How many syllables？　音節数はいくつ？

使用語彙とイラスト	動画場面
guitar ○ ●	guitar は 2 音節（gui-tar）ですから，手を 2 回叩きます。2 音節目 -tar を「強く・高く・長く・はっきりと」発音することに意識を向けて練習しましょう。1 音節目 gui- はその逆ですから，思い切り「弱く・低く・短く・あいまいに」発音してください。強弱のメリハリをつけて発音することがとても重要です。 （こたえ：2 音節）
iguana ○ ● ○	iguana は 3 音節（i-gua-na）ですから，手を 3 回叩きます。2 音節目の -gua- に強勢がありますから，この部分を「強く・高く・長く・はっきりと」発音します。それ以外の音節は「弱く・低く・短く・あいまいに」発音してください。-gua-［gwa:］の母音は日本語の「ア」の音を出すときよりも，口をずっと大きく縦に開けて出す音です。［gw］の子音連結の発音にも注意しましょう。 （こたえ：3 音節）
banana ○ ● ○	banana は 3 音節（ba-nan-a）ですから，手を 3 回叩きます。日本語のバナナ（バ・ナ・ナ）も 3 モーラですから，手を 3 回叩いて発音するのですが，英語と日本語とでは強弱パターンが違います。英語の banana は「弱強弱」（○●○）のパターンで発音するのが大きな違いです。真ん中の母音の a［æ］は「エァ」のような「あ」と「え」の中間の音で，「強く・高く・長く・はっきりと」発音しましょう。 （こたえ：3 音節）

コラム6

「明るいL」と「暗いL」

日本人英語学習者が苦手としている発音として世界的にも（笑）有名なのが，RとLの発音です。英語でコミュニケーションをする上でこれらの音を正しく発音しないと聞き手に別の単語だと誤解されたり，言いたいことが通じない場合があるので，正確な発音を身につけたいですね。

日本語のラ行音は「舌先が歯ぐきの後ろをポンと叩きつけるようにして音を出す」のに対し，英語のR音は「舌先を口の中で浮かせて，歯ぐきに絶対に触れないようにして音を出す」のがポイントです。発音の際は唇を突き出して，丸めるようにしてみましょう。英語のL音の基本的な発音の仕方は「舌先を歯ぐきにしっかりと押し当てて，肺からの空気が舌の脇から出るように」します。ここで英語のL音（下線部）を含む単語を聞いてみてください。

（▶ QRコードで音声チェック！）

ru<u>l</u>er <u>l</u>ibrary <u>l</u>ion te<u>l</u>evision f<u>l</u>ower umbre<u>ll</u>a

bicy<u>l</u>e e<u>l</u>bows towe<u>l</u> nood<u>l</u>es gir<u>l</u> mi<u>l</u>k

実は英語のL音には2種類あって，ruler から始まる上段の単語に出てくるL音は「明るいL」，bicycle から始まる下段の単語に出てくるL音は「暗いL」と呼ばれるものです。

「明るいL」は文字通り，明るい響きを持っていて，L音の直後に母音が続く場合の音です。一方，「暗いL」は実際の音声を聞いて感じられたかと思いますが，発音がよく聞こえてきません。単語が [l] の音で終わる場合（bicyle, towel, girl）や，直後に別の子音が続く場合（elbows, noodles, milk）など，L音の直後に母音が来ないときには，音色が「ウ」や「オ」に近い「暗いL」になるのです。「暗いL」を発音する場合は，英語母語話者でも舌先を歯ぐきに向かって近づけるだけで，実際には歯ぐきに接触させずに発音する人もいるようですから，無理に接触しようとしなくても大丈夫です。舌先を歯ぐきに向かって近づけて，「ウ」や「オ」に近い音を出しましょう。milk は「ミゥk」のようになります。

第7回

PART 1　Japanese or English？　外来語？　英語？　どっちの発音かな？

使用語彙とイラスト	動画場面
book / ブック	book の頭音の［b］は両唇をしっかり閉じます。oo が表す母音の発音は，丸めた唇を前に突き出して短か目に「ウッ」と言ってみましょう。「book う」のように語末に余分な「う」を入れないように注意して発音してください。
door / ドア	日本語の「ドア」は「ド・ア」のように2つの音のかたまりですが，英語の door は1つの音のかたまりです。door には book と同じ oo の綴りがありますが，発音は異なります。丸めた唇を前に突き出して口の奥から「オー」と言ってみましょう。
king / キング	頭音の［k］は舌の後ろを上あごの奥に押し当ててせき止めていた肺からの空気を，一気に勢いよく放出するように発音しましょう。英語の king は1音節語ですから，1拍で発音します。語末の ng の発音は，日本語の「ング」と「グ」をはっきりと発音しないでください。「ンガ」のように最後は鼻から声を出す感じで発音しましょう。

 QR コードで PART 1〜5 の音声チェック！

第7回

PART 2　Which word？　どっちの単語？

目的 今回は① pear/chair，② cook/book，③ mop/top の問題です。
①は第１回で扱った bear/pear と同じミニマルペアのパターンで chair
は綴りは異なりますね。②は頭音が破裂音で有声か無声かの違いがあり
ます。③は -op のライムになります。次の Part 3 で真ん中が o で［ɔ］
または［ɑ］の発音を扱います。これも大変紛らわしい発音でアとオの
間のように聞こえてきます。頭音の区別だけでなく，初習レベルのライ
ムのパターンを学習しましょう。

音声指導の際の留意点

　「音を聞く」だけでなく，発音の違いを捉えられるように，口の開け方や，
口の作り方がどのように違うのか，気付きを促していきましょう。今回は①
で綴りが ch の破擦音［tʃ］が登場します。子どもに［tʃ］で始まる単語を聞
いてみましょう。絵カードには chair, chalk, cheese, cherries がありますの
で活用してください。

　③は Onset & Rime の指導が可能です。これまで -at, -ig, -an, -en, -un の
ライムを学習しましたので，-op も hop, pop, drop, stop など，子どもが理
解できる単語も加えて，まず先生が続けて発音して「今，言った単語は何か
共通していますか？」と聞いてみてください。真ん中の母音のことはあまり
気付かないので，「終わりが［p］です。」と発言をする子どもがいると思い
ますので，この発言をきっかけに -op の Onset & Rime の指導にチャレンジ
してください。

使用語彙とイラスト	動画場面
  pear / chair	第 1 回では bear と pear は頭音が同じ位置（両唇で破裂させる音）でした。今回は無声破裂音の ［p］と破擦音の ch ［tʃ］を比べます。第 6 回で jam の j ［dʒ］は有声破擦音ですが，［tʃ］は無声破擦音です。破擦音も摩擦音と同様聞こえづらく，舌先を上歯の歯茎に触れるように発音するので，［p］と比べて口元を見るだけでは発音方法がわかりづらいと思います。教室内を静かにして違いを聞き取るように指導してください。頭音 ［tʃ］の単語 chalk, cheese, cherries を使って集中的に練習してみましょう。
  cook / book	頭音の ［k］も ［b］は破裂音ですから，クックやブックのように間延びせず，強い息を速く出すようにしましょう。-ook のライムを持つ単語は，hook, look があfilledりますね。
  mop / top	頭音は鼻音の ［m］と破裂音の ［t］ですね。top は「頂上，トップ」という意味もありますが，子どもの英単語としては「コマ」として頻出します。ライムの -op の母音はオとアの中間くらいの大きさでやや唇を丸めて発音すると ［ɔ］または ［ɑ］の発音になります。「オブ」より「アプ」に近いイメージで発音してみましょう。一般的に ［ɔ］はイギリス発音，［ɑ］はアメリカ発音と言われています。

第7回

PART 3 Onset & Rime　単語が変身!!
　　　　　頭の音が変わったら別の単語になるよ

音声指導の際の留意点　　rime：-ox の学習

　ox ⇒ box ⇒ fox の順番で発音されます。今回は，rime の ox から頭音をつけていく形です。頭音は 2 番目の単語から破裂音（両唇音）⇒摩擦音（唇歯音）順番で展開していきます。

Part 2 の mop/top と同様，真ん中の o ［ɑ(ɔ)］の発音を意識してみましょう。オとアの間のイメージで，舌を低い位置で後ろ寄り（喉の奥の方へ）にして口を開いて発音します。［ɑ］はアメリカ発音でアに近い感じ，［ɔ］はイギリス発音でオに近い感じに聞こえます。他にも子どもが聞けばわかる単語として，Boston Red Sox があります。Sox は socks の複数形を意味するものとしてアメリカ人に親しまれています。

-ox のライム表現に挑戦!　チャンツで言ってみよう!

（▶ QR コードで音声チェック!）

　（絵カードを動かして意味がわかるようにリズミカルにやってみましょう。）

An ox in a box,

A fox in a box,

Where is the ox? It's in the box.

Where is the fox? – It's in the box.

What a big box!（Ox の箱を指して）

What a big box!（Fox の箱を指して）

They are in the huge boxes!

　（2 つとも指さして，箱が複数形になることに注意）

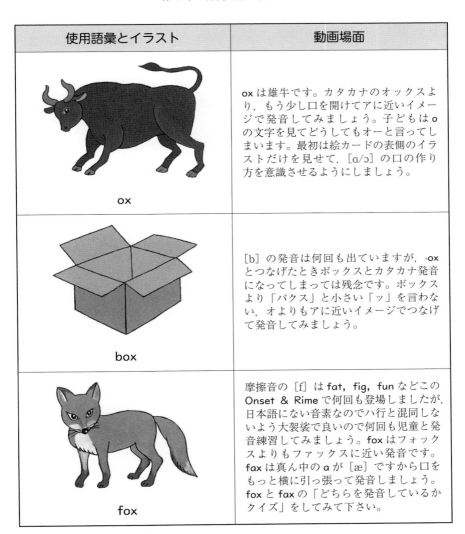

使用語彙とイラスト	動画場面
ox	ox は雄牛です。カタカナのオックスより，もう少し口を開けてアに近いイメージで発音してみましょう。子どもは o の文字を見てどうしてもオーと言ってしまいます。最初は絵カードの表側のイラストだけを見せて，[ɑ/ɔ] の口の作り方を意識させるようにしましょう。
box	[b] の発音は何回も出ていますが，-ox とつなげたときボックスとカタカナ発音になってしまっては残念です。ボックスより「バクス」と小さい「ッ」を言わない，オよりもアに近いイメージでつなげて発音してみましょう。
fox	摩擦音の [f] は fat, fig, fun などこの Onset & Rime で何回も登場しましたが，日本語にない音素なのでハ行と混同しないよう大袈裟で良いので何回も児童と発音練習してみましょう。fox はフォックスよりもファックスに近い発音です。fax は真ん中の a が [æ] ですから口をもっと横に引っ張って発音しましょう。fox と fax の「どちらを発音しているかクイズ」をしてみて下さい。

無意味語の判別に挑戦してみましょう！
今回の Onset & Rime は 3 つの単語しか扱っていませんので，頭音に他の子音を置いて無意味語にして発音の練習をしてみましょう。意味に惑わされず，頭音を判別するために音に集中する態度も養えます。例えば，先生は box の絵カードを見せて，"Is this a pox or a box?" と聞いて，子どもは "It's a box." と答えられるかどうか聞き取りクイズをしてみましょう。dox, mox, nox など頭音を替えるだけで，-ox がライムになっていることに気付かせることが大切です。

　　p. 197 の Onset & Rime ワークシート 6 を活用しましょう。

PART 4　Can you guess the word？
何の単語かわかるかな？

使用語彙とイラスト	動画場面
umbrella ○ ● ○	3つの音のかたまり，すなわち3音節から成る単語です。動画では um-brel-la のように音節の区切れを表示しています。2音節目の -brel- を「強く・高く・長く・はっきりと」発音し，1音節目の um- と3音節目 -la は思い切り「弱く・低く・短く・あいまいに」発音し，強弱のメリハリをつけましょう。日本人英語学習者が苦手とする［r］と［l］の両方の音素を含む単語ですので，これらの音の発音にも意識を向けましょう。
octopus ● ○ ○	umbrella 同様に，3音節から成る単語ですが，強弱のパターンが異なります。動画では oc-to-pus のように音節の区切れを表示しています。この単語は1音節目 oc- を「強く・高く・長く・はっきりと」発音し，2音節目の -to- と3音節目 -pus は思い切り「弱く・低く・短く・あいまいに」発音します。1音節目の母音の o［ɑ/ɔ］は口を縦に大きく開けて，のどの奥からしっかり声を出して発音してみてください。
tiger ● ○	2音節から成る単語です。動画では最初，-ger → ti- の順番で音節が読み上げられますので，音節の順番を入れ替え，足し算すると，ti-ger となります。1音節目が強く発音され，2音節目は弱く発音されます。 　頭音の［t］の音は，舌先を使って歯茎のところでせき止めていた肺からの空気を，一気に勢いよく吹き飛ばすように発音しましょう。

第7回

PART 5　How many syllables？　音節数はいくつ？

使用語彙とイラスト	動画場面
hammer ●　　○	hammer は 2 音節（ham-mer）ですから，手を 2 回叩きます。1 音節目の ham- を「強く・高く・長く・はっきりと」，2 音節目 -mer を「弱く・低く・短く・あいまいに」発音し，強弱のメリハリをつけましょう。ham- の母音 a の音は，「エァ」のような日本語の「あ」と「え」の中間のような音です。日本語の「ハンマー」とならないように手を叩きながら発音してみましょう。 （こたえ：2 音節）
noodles ●　　○	hammer 同様，noodles は 2 音節（noo-dles）ですから，手を 2 回叩きます。強弱パターンも hammer と全く同じで「強弱」すなわち●○ですから，1 音節目の noo- を「強く・高く・長く・はっきりと」，2 音節目の -dles は逆に「弱く・低く・短く・あいまいに」発音してください。「暗い L」（コラム 6）の発音にも注意しましょう。 （こたえ：2 音節）
rainbow ●　　○	rainbow は 2 音節（rain-bow）ですから，手を 2 回叩きます。この単語は 1 音節目 rain- に第 1 強勢，2 音節目 -bow に第 2 強勢を持ちます。1 音節目の rain- を思いきり「強く・高く・長く・はっきりと」発音するのに対し，2 音節目 -bow は普通の強さで発音するとよいでしょう。頭音に日本人の苦手とする [r] があります。[r] は舌先を丸めて，歯茎には絶対につけないよう意識しましょう。唇も突き出して丸めます。 （こたえ：2 音節）

コラム7

つながる音

　教室英語で児童を起立させる際の号令として，Stand up. という表現があ
りますが，先生方はこの表現をどのように発音されていますか。恐らく多く
の先生が "Stand" ＋ "up" のように2つの単語を1つ1つ発音するのではなく，
"Standup" のようにあたかも1つの単語のようにくっつけて発音されている
と思います。この時，Stand の語末の子音 [d] と，up の語頭の母音 [ʌ]
は [dʌ] のように自然にくっつきます。

　このように英語では，2つの語が連続する際，前の語が子音で終わり，次
の語が母音で始まる場合に，前の子音と後ろの母音がくっついて1つの音を
作るのがふつうです。この現象は「音の連結」とか「リエゾン」（フランス
語で「連結」という意味）と呼ばれています。

　教室英語として使えるいくつかの表現を以下に記します。下線部の「音の
連結」を意識しながら，何度も声に出して発音練習してみてください。
（▶ QR コードで音声チェック！）

Stand up. （起立しなさい）

Let's sing a song. （歌を歌いましょう）

Look at this picture. （この絵・写真を見なさい）

Say it in English. （それを英語で言ってみてください）

Do you have any questions？ （何か質問はありますか？）

Sit in a circle. （円になって座りなさい）

Time is up！ （時間になりました！）

Good idea！ （よい考えだね！）

第8回

PART 1 Japanese or English？ 外来語？ 英語？
どっちの発音かな？

使用語彙とイラスト	動画場面
banana / バナナ	日本語のバナナ（バ・ナ・ナ）も英語の banana（ba-nan-a）も 3 つの音のかたまりから成る単語ですが，英語のほうは「弱強弱」（○●○）のパターンで発音するのが大きな違いです。真ん中の母音の a［æ］も「エァ」のような「あ」と「え」の中間の音で，「強く・高く・長く・はっきりと」発音しましょう。
girl / ガール	英語の girl は 1 音節語です。「girl う」のように余分な「う」を入れないよう気をつけましょう。母音の ir の部分は，「う」と「あ」の中間のようなあいまいな音を伸ばして発音します。語末の［l］は舌先を上の歯茎にできるだけ近づけて（くっつけても OK です）発音してみましょう。「暗い L」（コラム 6）の音です。
milk / ミルク	英語の milk も 1 音節語です。「mil う k う」のように余分な「う」を入れないようにして，1 拍で発音します。語末の［k］の直前の［l］の発音は，舌先を上の歯茎にくっつけるように近づけて（くっつけても OK です）「ウ」と言ってみましょう。この［l］も「暗い L」です。

▶ QR コードで PART 1〜5 の音声チェック！

第8回

PART 2 Which word？　どっちの単語？

目的 今回は① boat/goat，② jar/car，③ car/star の問題です。②と③は同じ -ar のライムです。①は第１回で goat/coat と同じ位置で音を作る有声と無声の組み合わせでした。今回はどちらも有声音ですが，[b] は両唇で，[g] は舌の奥を上あごの奥にくっつけて破裂させて音を作ります。②③のライム（韻）は語尾が [r] で終わります。日本人学習者にとってはなかなか発音が難しいので，この -ar のパターンを使って集中的に練習してみましょう。

音声指導の際の留意点

　「音を聞く」だけでなく，発音の違いを捉えられるように，口の開け方や，口の作り方がどのように違うのか，気付きを促していきましょう。今回は②で綴りが j の破擦音 [dʒ] が登場します。第６回では jam が登場しましたね。児童に [dʒ] で始まる単語を聞いてみましょう。絵カードには jacket, jam, jar, jet, jump がありますので活用してください。

　③では子音連結 st が登場しています。子音連結は子音と子音の間に母音が挿入されないように注意を促しましょう。②③は合わせて onset & rime の指導が可能です。既に第８回ですので，子どももすぐに気付いてくれると思います。絵カードの bar, jar も加えて指導してみましょう。

-ar のライム表現に挑戦！　チャンツで言ってみよう！

（▶ QR コードで音声チェック！）
A car（ミニカーのつもり）on the bar.
A car in the jar.
A car and a star on the bar.
A car and a star in the jar.

使用語彙とイラスト	動画場面
  boat / goat	頭音の ［b］［g］はどちらも破裂音でしたね。-oat は第 1 回に goat–coat で登場しています。 　このように何度も同じパターンを目にするスパイラル学習が大切です。
  jar / car	第 6 回で jam を取り上げた ［dʒ］と ［k］の聞き取りです。音質が違いますので判別は間違えないと思いますが，どちらも聞き取りづらいので静かな状態で聞き取りをすることが必要です。頭音に続く -ar ［ɑr］は口を大きく開けてアーと発声しただけでは ［r］が言えていません。舌を低い位置でアーと言いながらすぐに舌を反るように丸めてみましょう。 　car, jar, bar, star, park, dark, guitar などの絵カードを用いて -ar の発音を集中的に練習してみましょう。
  car / star	star は頭音が子音連結なので，［s］と ［t］の間に母音が入らないように ［s］と息だけ出して次の ［t］とくっつけて出すように意識しましょう。 　-ar と綴る単語の中で，war は -ar と綴りは同じでも，発音は ［ɔr］のように異なります。このように，フォニックスの学習ではある程度のパターンを学習する必要があります。本格的なフォニックス学習に移る前に，音素を聞いて音が分かる力（音素認識）の育成を徹底することで，音素に対応している文字が認識できる（音—文字一致認識）能力を伸ばす必要があります。

第8回

PART 3 Onset & Rime 単語が変身‼
頭の音が変わったら別の単語になるよ

音声指導の際の留意点 ▶ rime：-in の学習

　pin ⇒ fin ⇒ thin の順番で発音されます。頭音が破裂音（両唇音）⇒ 摩擦音（唇歯音）⇒ 摩擦音（歯間音）の順番で展開していきます。

　真ん中の母音が [ɪ] のライムは第3回の -ig で取り上げました。-in の場合は，[ɪ] の後に鼻音の [n] が続きますので，鼻に抜ける音を感じてください。-in はインではなく，i をイとエの中間くらいの舌位置で発音します。

　最後の単語の thin（やせた）は，これまでの発音指導で子どもの傾聴姿勢がある程度育まれ，聞き取りや発音能力が向上しているだろうと思われるので，難しい発音に挑戦する意味で取り上げました。th [θ] を含む子どもが知っているレベルの単語は Thursday, too<u>th</u>, tee<u>th</u> があります。日本語にない音素ですから，混同しやすい [s] の発音や，th の濁った音 /ð/（例. mo<u>th</u>er, <u>th</u>at, fa<u>th</u>er など）との判別をしてみましょう。[θ] と [ð] はどちらも上歯と下歯の間から舌先が少し突き出して息だけの無声音が [θ]，濁ったような音が有声音の [ð] です。[s] なら舌先は口から突き出すことはなく，上歯の裏側近くのところで息だけ出します。

-in のライム表現に挑戦！　チャンツで言ってみよう！

（▶ QR コードで音声チェック！）

　（意味がわかるように絵カードを指さしながらリズミカルにやってみましょう。th [θ] の発音が何度も練習できるように配置しました。）

A pin is thin.

A fin is thin（1つのヒレだけを指さして）.

Fins are thin（全部のヒレを指さして）.

A thin boy and a fat boy（やせた男子，太った男子を指さして），

have a thin pin and thin fins.

使用語彙とイラスト	動画場面
pin	両唇で破裂させる無声の［p］です。-in の発音は，イとエの間のイメージでピンというよりペンに近い発音で聞こえてきます。［p］を両唇でしっかり息を破裂させてからエンに近い感じで発音してみてください。
fin	頭音が［f］の単語は，は既に fun（楽しい）と fan（扇風機）を学習しました。日本語の「フ」にならないよう上歯で下唇を軽く嚙んで息だけを出してみましょう。fin-fan-fun の「どれを発音しているでしょう？」クイズをして真ん中の母音の違いに注目させましょう。この次に登場する thin の反対の fat も使って fat-fit の聞き取りもできますね。
thin	pin-fin は発音できますが，thin は初めて聞く児童にとっては「？？もう 1 回」，何度も発音しても「ん〜〜」とうなってしまうほど th［θ］は聞き取りづらくまた発音しづらい音素です。fat と一緒に使って意味理解を促進しながら，Thursday, tooth, teeth も使って何度も発音してみましょう。

A fat boy and a thin boy,
The boys are twins.
The boys are spinning,
Spin, spin, spin.
Let's play a game.
Who wins?
A thin boy wins.
Really? Yes.
A thin boy wins.

第 3 章の Onset & Rime ワークシート第 7 回と連動したライム表現です。ワークシートでは，動画で扱う単語以外に win, spin（くるくる回る）を入れてあります。上記の 3 つを加えてライムをリズム良くチャンツで発音してみましょう。子どもは意味がわかるとチャンツを楽しみながら発声も大きくなります。自分で発音する声を聞く，先生の発音をよく聞く，何が違うか聞き取ることが次への一歩へつながります。
（▶ QR コードで音声チェック！）

p. 198 の Onset & Rime ワークシート 7 を活用しましょう。

PART 4 Can you guess the word？
何の単語かわかるかな？

使用語彙とイラスト	動画場面
window ● ○	２つの音のかたまり，すなわち２音節から成る単語です。動画では win-dow のように音節の区切れを表示しています。１音節目の win- を「強く・高く・長く・はっきりと」，２音節目の -dow を「弱く・低く・短く・あいまいに」発音します。頭音の［w］は唇を丸めて，前に突き出して発音しましょう。
telephone ● ○ ○	３音節から成る単語です。動画では tel-e-phone のように音節の区切れを表示しています。この単語は１音節目 tel- がいちばん強く発音されますが，２音節目と３音節目は同じ強さではなく，３番目 -phone が中程度（第２強勢）で，３音節目 -e は弱音節です。弱音節は思い切り「弱く・低く・短く・あいまいに」発音しましょう。頭音の［t］の音は，舌先を使って歯茎のところでせき止めていた肺からの空気を，一気に勢いよく吹き飛ばすように発音しましょう。
potato ○ ● ○	telephone 同様に，３音節から成る単語ですが，強弱のパターンが異なります。動画では po- → -ta- → -to の順番で音節が読み上げられ，この順番のまま足し算すると，po-ta-to となります。この単語は２音節目 -ta- を「強く・高く・長く・はっきりと」発音し，１音節目の po- と３音節目 -to は思い切り「弱く・低く・短く・あいまいに」発音して，強弱のメリハリをつけることを強く意識しましょう。日本語の「ポテト」のように平坦なリズムで発音しないよう気をつけましょう。

第 8 回

PART 5　How many syllables？　音節数はいくつ？

使用語彙とイラスト	動画場面
pencil ● ○	pencil は 2 音節（pen-cil）ですから，手を 2 回叩きます。1 音節目 pen- は「強く・高く・長く・はっきりと」，2 音節目 -cil は逆に「弱く・低く・短く・あいまいに」発音しましょう。頭音の［p］の音は唇でせき止めた肺からの空気を，一気に勢いよく吹き飛ばすように発音しましょう。 （こたえ：2 音節）
orange ● ○	pencil 同様，orange も 2 音節（or-ange）ですから，手を 2 回叩きます。強弱パターンも pencil と同じで，「強・弱」ですから，1 音節目 or- は「強く・高く・長く・はっきりと」，2 音節目 -ange はできるだけ「弱く・低く・短く・あいまいに」発音してください。 （こたえ：2 音節）
yogurt ● ○	pencil, orange 同様，yogurt も 2 音節（yo-gurt）ですから，手を 2 回叩きます。強弱パターンも同様に「強・弱」ですから，1 音節目 yo- は「強く・高く・長く・はっきりと」，2 音節目 -gurt はできるだけ「弱く・低く・短く・あいまいに」発音しましょう。日本語の「ヨーグルト」とはかなり発音が異なりますので，英語の音声モデルをじっくり聞いて，そのまま真似てみましょう。「yogurt お」のように語末に余分な「お」を入れて発音しないよう，特に気をつけましょう。 （こたえ：3 音節）

コラム8

脱落する音

　子どもにいつも何時に起床するのかを尋ねる際に使う表現として **What time do you get up?** がありますが，「何時」に当たる **What time** の部分はどのように発音されていますか。**What** の語末は［t］の音，**time** の語頭も［t］の音で，同じ子音［t］が並んで続いています。このような場合，最初の［t］を脱落させて，**What time**（ウワッタイm）のように発音します。脱落させた［t］の音を飲み込む感じで，日本語の小さい「っ」を発音するときのようなイメージで発音してみましょう。

　このような「音の脱落」は，まったく同じ子音が連続する以外に，破裂音（［p］，［t］，［k］，［b］，［d］，［g］）同士が連続する場合でもよく起こる現象です。いちいち同じ音を繰り返さないで，「省エネ」発音するのがポイントです。

　教室英語として使えるいくつかの表現を以下に記します。下線部で起こる「音の脱落」を意識しながら，何度も声に出して発音練習してみてください。（▶ QR コードで音声チェック！）

　　Si<u>t d</u>own.　（座りなさい）

　　Ste<u>p b</u>ack.　（後ろに下がりなさい）

　　Make <u>tw</u>o lines.　（2列になりなさい）

　　Make <u>pa</u>irs.　（ペアになりなさい）

　　Go ba<u>ck t</u>o your seat.　（自分の席に戻りなさい）

　　Sto<u>p t</u>alking.　（話を止めなさい）

　　Let's rea<u>d t</u>ogether.　（いっしょに読みましょう）

　　Goo<u>d t</u>ry!　（よくがんばりましたね！）

第 9 回

PART 1　Japanese or English？　外来語？　英語？
　　　　　どっちの発音かな？

使用語彙とイラスト	動画場面
ball / ボール	ball の語頭の [b] は両唇をしっかり閉じます。英語の ball は 1 音節語ですから，「ball う」のように余分な「う」を入れないで 1 拍で発音しましょう。真ん中の母音は，丸めた唇を前に突き出して口の奥から「オー」と言ってみましょう。語末の [l] は舌先を上の歯茎にくっつけたままで発音してみてください。「暗いL」（コラム 6）の発音です。
soup / スープ	英語の soup は 1 音節語ですから，「soup う」のように余分な「う」を入れないよう気をつけましょう。母音の ou の部分は，日本語の「スープ」の「スー」を発音するときよりも勢いをつけて，肺からの空気を強く出すイメージで発音してみましょう。語末の [p] は軽く添えるように発音します。
apple / アップル	英語の apple は 2 音節語（ap-ple）ですから，2 拍で発音します。頭音の [æ] は「あ」と「え」の中間のような母音「エァ」で，この部分を「強く・高く・長く・はっきりと」発音します。最後の l の発音は，girl の [l] の発音と同様「暗いL」で，舌先を上の歯茎にできるだけ近づけて（くっつけても OK です）「ウ」と言ってみましょう。

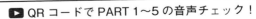

▶ QR コードで PART 1～5 の音声チェック！

第9回

PART 2　Which word?　どっちの単語?

目的 今回は① ball/doll, ② tall/wall, ③ small/wall の問題です。

　全て同じライム [ɔːl] です。このライムは次の第10回では Part 3 Onset & Rime で扱いますので, まずこの Part 2 で頭音の聞き分けをしながら, 子どもには頭音に続く rime が共通することについての気付きをうながすようにしましょう。-all, -oll の発音はオールよりアールに近いイメージで最後に l をはっきり言わないことがコツです。

音声指導の際の留意点

　doll だけは綴りが -oll で違うことに気付けると良いですね。このように英語では発音が同じでも綴りが違うために英語母語の子どもには, 読み障害や綴り障害が発生しやすいと言われています。日本の子どもにとってはなおさら難しいのは当然ですね。綴り学習 (フォニックス) をする前に, 英語音声を明示的に指導することで音素認識・音韻認識やアルファベット文字の認識力を育てることが大切です。第10回の Part 3 でこのライムについて説明しています。

-all のライム表現に挑戦!　チャンツで言ってみよう!

(▶ QR コードで音声チェック!)

A small ball, a small doll, and a tall boy.

A tall boy has a big ball and a small doll.

A tall boy by the tall wall has a big ball and a small doll.

A small doll on the tall wall.

A tall boy has the small doll on the tall wall.

使用語彙とイラスト	動画場面
ball / doll	頭音の［b］［d］はどちらも有声破裂音です。［b］は両唇音，［d］は歯茎音でした。文字が鏡文字なのでどちらの文字が b か d か尋ねて認識を確認してください。ボールやドールのように頭音の子音の後がオではなく，アに近いイメージで英語らしい発音になるように指導してください。
tall / wall	［d］と同じ調音位置で無声の［t］と，［w］の組み合わせです。［w］は母音の性質に似ているので半母音と呼ばれる子音でしたね。wall をカタカナで表記するとウォールとなりどうしてもウと発音しがちですが，唇を丸くして前に突き出すように腹筋を使って強めに［w］を発音してから［ɔːl］を続けてみましょう。［w］を頭音に持つ単語絵カード（watch, water, wig, window, wolf など）を見せながら集中的に練習してみましょう。
small / wall	small は頭音が［s］と［m］の子音連結です。前回の star と同様，間に母音が入らないように［s］の後で素早く［m］を続けてスモールよりスマールに近いイメージで発音してみましょう。［sm］が頭音につく児童レベルの単語は smile, smoke, smell などありますので，一緒に発音してみましょう。

第9回

PART 3　Onset & Rime　単語が変身!!
頭の音が変わったら別の単語になるよ

音声指導の際の留意点　　rime：-ink の学習

　ink ⇒ pink ⇒ drink の順番で発音されます。今回は，rime の ink から頭音をつけていく形です。頭音は2番目の単語から，破裂音（両唇音）⇒ 破裂音（歯茎音）の順番で展開していきます。

　ink は前回（第8回）で解説したように，i [ɪ]はイとエの間の発音です。先生は [ɪ]–[ŋ]–[k] とゆっくり発音して「いくつ音がある？」と，子どもに尋ねてみてください。3つの音素から成り立っていることがわかっているかどうかを確認します。in- で表記される発音は [n] ではなく，鼻音の仲間の [ŋ] です。[n] と混同しやすいので，次の第10回の Part 2 で取り上げています。

-ink のライム表現に挑戦！　チャンツで言ってみよう！

（▶ QR コードで音声チェック！）

Ink is pink.

Drink pink ink.

The pig is pink, oink, oink, oink.

The drink for the pig, oink, oink, oink.

Ink the drink with pink ink.

＊pink は絵カードにありません。学校にある色カードを使ってください。

使用語彙とイラスト	動画場面
 ink	頭音がない ink からスタートです。絵カードの絵はペンインクですが，児童が習字で使う墨は Japanese ink となります。-ig, -in と同様，［ɪ］の発音はイよりもイとエの間の感じで出してみましょう。最後の［k］に鼻音が残る感じで，息を破裂させて止めて母音がくっつかないようにしましょう。
pink	ink に［p］をつけます。両唇で強く破裂させて ink につなげてみましょう。
 drink	頭音の［dr］は子音連結なので，ドリンクのように母音 o が［d］と［r］の間に入らないように意識しましょう。また2つめの半母音の［r］はとても発音が難しいですね。［d］で上歯が歯茎に触れたらそのまま舌先を後方へ反るように丸めます。［r］で始まる単語（絵カードで rabbit, radio, rain, rat, rake, red, rice など）を使って練習してみましょう。次に dr で始まる単語（dragon, dress, drum）の絵カードを使って子音連結の練習もしてみましょう。

上記の他に児童がわかるレベルの単語としては
wink, sink（台所の流し），oink（豚の鳴き声），link（つなげる），rink（スケートリンク），think（考える），stink（臭う）などがあります。p. 136 のライムでは oink を含めてあります。
p. 199 の Onset & Rime ワークシート 8 を活用しましょう。

第9回

PART 4 Can you guess the word？
何の単語かわかるかな？

使用語彙とイラスト	動画場面
zebra ● ○	2つの音のかたまり，すなわち2音節から成る単語です。動画では ze-bra のように音節の区切れを表示しています。1音節目の ze- を「強く・高く・長く・はっきりと」，2音節目の -bra は思い切り「弱く・低く・短く・あいまいに」発音してみましょう。頭音の [z] の音は「ズィー」のようになります。また，2音節目の発音をする際に「b う ra」のように余分な「う」を入れないよう気をつけましょう。
xylophone ● ○ ○	3音節から成る単語で日本語では「シロフォン」と言われますね。動画では xylo-phone のように音節の区切れを表示しています。この単語は1音節目 xy- [zaɪ] がいちばん強く発音されますが，2音節目と3音節目は同じ強さではなく，3番目 -phone が中程度（第2強勢）で，3音節目 -o- は弱音節です。弱音節は思い切り「弱く・低く・短く・あいまいに」発音しましょう。2音節目に日本人が苦手な [l] の音があります。この音は舌先を歯ぐきにしっかりと押し当てて出しましょう。
penguin ● ○	2音節から成る単語です。1音節目が強く発音され，2音節目は弱く発音されます。動画では最初，-guin → pen- の順番で音節が読み上げられますので，音節の順番を入れ替え，足し算すると，pen-guin となります。 　頭音の [p] の音は唇でせき止めた肺からの空気を，一気に勢いよく吹き飛ばすように発音しましょう。

PART 5　How many syllables？　音節数はいくつ？

使用語彙とイラスト	動画場面
triangle ●○　○	triangle は 3 音節（tri-an-gle）ですから，手を 3 回叩きます。この単語は 1 音節目 tri- がいちばん強く発音されますが，2 音節目 -an- と 3 音節目 -gle は同じ強さではなく，2 番目 -an- が中程度（第 2 強勢）で，3 音節目 -gle は弱音節です。-gle の部分は思い切り「弱く・低く・短く・あいまいに」発音しましょう。1 音節目の tri- を発音する際に「t お ri」のように [t] の音の直後に余分な「お」を入れないよう注意しましょう。（こたえ：3 音節）
crayon ●　○	crayon は 2 音節（cray-on）ですから，手を 2 回叩きます。1 音節目の cray- は「強く・高く・長く・はっきりと」，2 音節目の -on は「弱く・低く・短く・あいまいに」発音してください。カタカナの「クレヨン」とは異なり，1 音節目の母音は「エ」ではなく，「エィ」となりますので，気をつけましょう。（こたえ：2 音節）
library ●　○○	library は 3 音節（li-brar-y）ですから，手を 3 回叩きます。1 音節目 li- を思い切り「強く・高く・長く・はっきりと」発音しましょう。2 音節目 -brar- は中程度の強さ（第 2 強勢）で発音し，3 音節目 -y は弱音節ですから，思い切り「弱く・低く・短く・あいまいに」発音します。library は日本人英語学習者が苦手とする [l] と [r] の両方の音素を含む単語ですので，これらの音の発音にも意識を向けましょう。頭音の [l] の発音の際には，舌先を必ず歯ぐきに押し当てましょう。また，[r] の音は口の中で浮かせた舌先が歯ぐきなどに絶対に触れないよう強く意識して発音してみましょう。（こたえ：3 音節）

140

コラム 9
変化する音

初対面の人同士でかわすあいさつ表現として Nice to meet you.（はじめま
して）があります。meet you の部分の発音は ［miːtjuː］と発音する人もいる
のですが，多くの人が ［miːtʃuː］と発音します。ここでは meet の語末の
［t］の音と you の語頭の ［j］の音が隣り合った際に，2 つの音が影響し合っ
て ［tj］（トゥュ）から ［tʃ］（チュ）という別の音に変っています。このよう
に英語では，お互い隣り合った音同士が影響し合って，音声変化が起こるこ
とがあるのです。上で例に出した ［t］と ［j］の音が隣り合って音声変化が
起こる場合の他に，［d］と ［j］の音が隣り合う場合にも音声変化が起こり，
［dj］から ［dʒ］に変化します。

教室英語として使えるいくつかの表現を以下に記します。下線部の「音の
変化」を意識しながら，何度も声に出して発音練習してみてください。
（▶ QR コードで音声チェック！）

Put your desks together.　（机を寄せなさい）

Take out your textbook.　（教科書を取り出しなさい）

Write your name on the worksheet.
（ワークシートに名前を書きなさい）

Put your cards face down.　（カードの表を下にして置きなさい）

Collect your cards.　（カードを集めなさい）

Put your pencil down.　（鉛筆を置きなさい）

Did you enjoy the story？　（お話は楽しめましたか？）

How many points did you get？　（何ポイント取れましたか？）

Did you enjoy today's class？　（今日の授業は楽しかったですか？）

第 10 回

PART 1　Japanese or English？　外来語？英語？
どっちの発音かな？

使用語彙とイラスト	動画場面
jam / ジャム	英語の jam は 1 音節語ですから、「jam う」のように余分な「う」を入れて発音しないようにしましょう。「あ」を発音するより口を縦に広げ、くちびるを思い切り左右に引きながら「え」と言うと、「エァ」のような「あ」と「え」の中間の音が出ますが、これが jam の a［æ］の発音です。語末の［m］の発音をする際は両唇を閉じて、鼻から空気が抜けるのを意識しましょう。
taxi / タクシー	英語の taxi は 2 音節語（tax-i）ですから、2 拍で発音します。頭音の［t］の音は舌先を歯ぐきのところに押し当ててせき止めていた肺からの空気を、一気に勢いよく放出するように発音しましょう。1 つ目の母音 a［æ］は jam の a［æ］と同じ「エァ」のような発音です。語末は「スィー」のように発音します。日本語の「シー」とならないよう気をつけましょう。
bird / バード	英語の bird は 1 音節語ですから、「bird お」のように余分な「お」を入れて発音しないように気をつけましょう。母音の ir の部分は girl の ir と同様に、「う」と「あ」の中間のようなあいまいな音を伸ばして発音します。

▶ QR コードで PART 1〜5 の音声チェック！

第10回

PART 2 Which word? どっちの単語?

目的 今回は① king/ring，② ring/sing，③ nest/vest の問題です。①と②は -ing のライムになっています。ing という綴りを見るとどうしても最後の g を発音したくなりますが g は発音しません。-ng の部分の発音は［ŋ］と表記され，鼻音の1つです。［n］が歯茎に舌先をくっつけるのに対して，［ŋ］は舌の根元を喉に近い上の方に当てて音が口から出ないようにふさぎ鼻から出していきます。king-ring-sing の3つの単語を使ってしっかり練習しましょう。動詞に ing をつけて I'm running. のように進行形を表現する場合も［ŋ］と英語らしい発音を心がけるよう指導ください。また ng と2つの文字表記が［ŋ］という1つの音素に対応しているので気をつけましょう。

③は -est のライムで頭音が鼻音の［n］と有声摩擦音［v］の判別問題です。聞き取りは間違えないと思いますが，発音が難しいので動画視聴の後は絵カードを使って単語全体 ⇒ 頭音［n］［v］の発音練習にも取り組んでみましょう。

-ing のライム表現に挑戦！　チャンツで言ってみよう！

（▶ QR コードで音声チェック！）

　（swing も足します。swing は体をノリ良く揺らして意味を表現しましょう。）

A king has a ring.

A girl can sing.

A king can swing.

A girl can swing.

A king with a ring can sing.

A girl can sing and swing.

A king with a ring and a girl can sing and swing.

使用語彙とイラスト	動画場面
 king / ring	頭音が無声破裂音の［k］と半母音の［r］の判別問題です。綴りを見るとどうしても［g］を入れたくなりますが，しっかり［ŋ］の発音をするように心がけましょう。子どもには絵カード裏側の綴りは見せずに，ミニマルペアの音を聞かせ，まねさせてみましょう。
 ring / sing	半母音の［r］と無声摩擦音［s］の判別です。どちらも子どもには聞こえづらいので，教室を静かにして，発音を「見る，聞く」ことを徹底して聞かせてみましょう。［s］で始まる単語はたくさんあります。絵カードを使って発音練習してみましょう。この時，［s］を「し」と発音してしまう子どもがいます（例えば sea ［siː］が she ［ʃiː］になってしまう）。sing もシングにならないよう，舌先を上歯の裏に近づけて鋭い息を出していきます。
 nest / vest	頭音が鼻音［n］，有声摩擦音の［v］の組み合わせです。［n］は舌先は歯茎にくっつくことを意識しましょう。［v］は上歯で下唇を軽く噛むという視覚的に特徴がある発音です。しっかりと見せて発音をまねさせましょう。 　-est の単語は他にも best, west, rest, test, chest などがあります。

第10回

PART 3 Onset & Rime 単語が変身‼
頭の音が変わったら別の単語になるよ

音声指導の際の留意点 ▶ rime：-all の学習

　ball ⇒ tall ⇒ wall ⇒ small の順番で発音されます。頭音が破裂音（両唇音）⇒ 破裂音（歯茎音）⇒ 半母音（軟口蓋音）⇒ 摩擦音（歯茎音）＋鼻音（両唇音）の順番で展開していきます。

　最終回の Onset & Rime はこれまでの学習の応用問題です。これまで扱ってきたライムは，基本的に１音素に対して１文字が対応しているものを抽出しました。例えば bat のライム部分の -at は［æ］と［t］の２音素から成り立っています。そしてその音素に文字が a と t のように対応していたので，子どもでも理解しやすいと思います。最終回では，綴りが all で［ɔːl］という発音になる，つまり音＝文字に１音ずつ対応するではなく，規則として覚えなくてはならないというフォニックスの領域のものを扱うことにしました。

　第１回～第９回までに，日本語母語の子どもが初習レベルにおいて学習すべき英語の基礎的な音声と文字を扱いました。このことは，中学英語に接続していく上で，子どもの大きな自信へとつながるでしょう。

長い文に挑戦！

（▶ QR コードで音声チェック！）
A tall boy is throwing a small ball to the wall.

使用語彙とイラスト	動画場面
ball	第 9 回の Part 2 でこれら 4 つの単語の発音ポイントは紹介しましたので，ここでは Onset & Rime を授業でどのように指導していくか紹介します。
tall	①動画視聴 ②子どもに絵カードを見せて発音確認 ③ライムは何？と尋ねてみる。 ④絵カードを裏返して単語を縦に並べて，綴りを見せる。 ⑤カードを使って，ライム表現を先生がデモをする。 ⑥ゆっくりとライム表現の発音をリピートしてまねさせる。 ⑦チャンツでまねさせる。 ⑧Onset & Rime ワークシートを配布して，問題を出す。 ⑨答え合わせ
wall	＊この指導手順は，第 1 章 **3** pp. 43〜47 を参照してください。 -all がつく単語は他にも call, mall（ショッピングモール），hall（廊下，city hall で「市役所」です），baseball などがありますね。
small	

PART 4 Can you guess the word?
何の単語かわかるかな？

使用語彙とイラスト	動画場面
spider ● ○	2つの音のかたまり，すなわち2音節から成る単語です。動画では spi-der のように音節の区切れを表示しています。1音節目の spi- を「強く・高く・長く・はっきりと」，2音節目の -der は思い切り「弱く・低く・短く・あいまいに」発音し，強弱のメリハリをしっかりつけることが重要です。
carrot ● ○	spider 同様に，2音節から成る単語です。動画では car-rot のように音節の区切れを表示しています。1音節目の car- を「強く・高く・長く・はっきりと」，2音節目の -rot を思い切り「弱く・低く・短く・あいまいに」発音しましょう。語頭の c の綴りが表す [k] は，舌の後ろを上あごの奥に押し当ててせき止めていた肺からの空気を，一気に勢いよく放出するように発音しましょう。
yellow ● ○	spider や carrot 同様に，2音節から成る単語です。1音節目が強く発音され，2音節目は弱く発音されます。動画では yel- → -low の順番で音節が読み上げられ，この順番のまま足し算すると，yel-low となります。 　頭音の y [j] は唇の両端を横に引っ張って出す音です。また，日本人の苦手な [l] の音が入っていますが，この音は舌先を歯ぐきにしっかりと押し当てて出しましょう。

第10回

PART 5　How many syllables？　音節数はいくつ？

使用語彙とイラスト	動画場面
mother ● ○	mother は 2 音節（moth-er）ですから，手を 2 回叩きます。1 音節目 moth- は「強く・高く・長く・はっきりと」，2 音節目 -er は「弱く・低く・短く・あいまいに」発音しましょう。mother には日本人の苦手な th［ð］の濁る音がありますが，この音は「ザ」ではなく，舌先を上の歯の裏に軽く当て，そのすき間から声を出して発音します。 （こたえ：2 音節）
igloo ● ○	mother 同様，igloo も 2 音節（ig-loo）ですから，手を 2 回叩きます。強弱パターンも同じで，1 音節目 ig- を「強く・高く・長く・はっきりと」，2 音節目 -loo を「弱く・低く・短く・あいまいに」発音します。igloo には日本人の苦手な［l］の音がありますが，この音は舌先を歯ぐきの付け根あたりに必ず触れるようにして発音します。igloo はイヌイットの雪でできた家ですね。 （こたえ：2 音節）
hamburger ● ○ ○	hamburger は 3 音節（ham-burg-er）ですから，手を 3 回叩きます。1 音節目 ham- を思い切り「強く・高く・長く・はっきりと」発音しましょう。2 音節目 -burg- は中程度の強さ（第 2 強勢）で発音し，3 音節目 -er は弱音節ですから，思い切り「弱く・低く・短く・あいまいに」発音します。1 音節目の母音 a［æ］は「あ」と「え」の中間のような「エァ」という音です。 （こたえ：3 音節）

第3章
音声指導や教員研修での実践活動例

　本章では，本書の動画内容や音声指導を実際の授業でどのように応用していくのか，動画でも使用している絵カードを活用した具体的な活動を紹介します。動画をモジュール時間で使用するか，45分授業の中で活用し，その後，音声指導を行っていくかは，各自治体の外国語科指導計画や先生方の指導計画によっては導入することがなかなか難しいこともあるでしょう。そのような場合は，先生ご自身が動画を視聴しながら英語音声の特徴をつかむことで，ここで紹介する絵カードや活動を用いて，音声指導の帯活動を授業計画に取り入れてほしいと思います。諸外国の子どもに比べ，日本の子どもは日常生活の中で英語に触れる時間は圧倒的に少ないと言われています。毎回の授業の中で10分〜15分ほどの明示的な音声指導を継続することが，英語音声だけでなく，「読み書き」に対応できる力を育てることにもつながっていきます。

　紹介する活動は，第1章**3**「子どもへの音声指導法」に基づいたものです。筆者（河合）が小学校現場で実践し，小学校の先生や子どもの反応や，子どもの英語能力を検証しながら改善してきた活動で，音声指導から文字の基礎指導までできる体系的な指導方法です。ぜひ授業で活用してください。絵カードは，博報財団第13回児童教育実践についての研究助成（研究代表者：河合裕美）によって開発したものです。

★基本語彙絵カード（275枚）が下のQRコードからダウンロードして使えます。

1 絵カード教材を準備しましょう

　動画で使用している絵カードは，子どもを対象とした英語音声指導用に開発したものです。現在，小学校英語や民間英語教室向けに数多くの英語語彙学習絵カードやフラッシュカードが出版されていますが，その大部分は語彙のカテゴリーに基づいた分類（動物の名前，食べ物の名前，文房具の名前など）で構成されています。本書からダウンロードできる絵カードは，指導する音素の種類に基づいて構成されています。開発にあたっては，今後，教科化によってますます音声指導の重要性が高まることを鑑み，小学校児童だけでなく，未就学児，あるいは小学校卒業後も基本レベルの語彙を学習する必要のある中学生など，幅広い年齢層を対象とした初習レベルの語彙を抽出しました。英語母語圏のピクチャーカードをダウンロードする先生もいると思います。かわいらしく，日本のイラストのタッチとも違いますので，異文化理解として活用できるという利点もあります。しかしながら，指導しようとしている語彙の絵柄やタッチが日本のものとは少しイメージが違っていて，特に低学年の子どもは，意味理解の上で誤解してしまう場合があります。本動画で使用している絵カードは，どの年齢の子どもが見てもその語彙の意味がわかりやすいよう，ハッキリとシンプルなタッチにしていますので，未就学児用にも，特別支援学校にも対応しています。絵カードは，子どもに英語音声を指導する上で必要な基本語彙絵カード275枚（277語）をQRコードでダウンロードできますので，音声指導だけでなく，日々の授業でご活用下さい。
印刷方法：p. 149のQRコードで絵カードをダウンロードしたら，表側が絵のみ，裏側が綴りになるように印刷してください。

　カード裏側の綴りの下の○●は単語内の音節の強勢を表します。黒丸●が一番強く発音される音節のかたまり（強音節），白丸○が弱音節を表しています。Part 4とPart 5のように，単語が「いくつのかたまり」かを理解する活動で活用できます。
　表側にはあえて綴りを入れないようにします。これは，まず絵を見て英語

音声を聞くことに集中させるためです。アルファベットジングルや音声指導を通して，音声をまず集中して聞き取り，判別できる力をまず養い，ある程度英語音声に対する認識能力が養われてから，音素に対応する文字の認識能力を高めていくためです。

　全ての絵カードをダウンロードしたら，章末の語彙表のように音素の順番で絵カードを保存しておくと，指導計画や管理がしやすくなります。

毎授業中の帯活動としての音声指導：支援が必要な子どもへの配慮を

　音声指導は，45分授業の帯活動（10〜15分程度）として毎回の授業に取り入れましょう。先述したように，日本の子どもは，諸外国の子どもに比べ外国語に触れる時間は多くありません。このことは，アルファベットを文字として持つ国々よりもアルファベット文字を見る機会が圧倒的に少ないことを意味します。毎回の授業内で10〜15分程度の帯活動として，3・4年生の中学年から5・6年生の高学年まで継続していくことが重要です。また，現在多くの通常学級には支援を必要とする児童も在籍し，英語の授業でも支援を必要とする状況が発生しています。高学年の読み書きの活動では，特にこれらの子どものケアをしながら授業を進めていく必要があります。英語のアルファベット文字に関しては，日本語の読み書きでは問題がないのに，アルファベット読み書きで何らかのつまずきや困難を感じる子どもがいます。それらの子どもも含みながら読み書きを教えていくためには，文字を読むにも，書くにも必ず声に出す（聴覚を刺激する，発音を促す），なぞり書きをして空間的に認識させる（触覚や運動機能を刺激する）など，子どもの感覚を刺激しながら指導するようにします。

2 アルファベット発音の指導

　この指導によって，発音とアルファベット文字の形を認識する力を育てます。カードを作成するときは，フォントに気をつけましょう。「読む」文字体は，児童が「書く」文字体と同じにします。検定教科書と同じフォント（UD デジタル教科書体など）を使って，文字の読みに不安がある子どもに対して配慮するように心がけましょう。大文字と小文字は例1のように同時に見せた方が，大文字と小文字を結びつけやすくなりますが，例2のように，カードの表側に大文字，裏側に小文字を印刷するやり方もあります。このようなアルファベットカードを作成しておけば，中学年から高学年まで使えます。また，教室内にアルファベット大文字・小文字ポスターを掲示して，常時子どもが目にする環境を作りましょう。

カード例1. 大文字と小文字を配列して提示する（できれば四線も入っていると文字認識に不安がある子どもにもわかりやすい）。フォント：UD デジタル教科書体

A a	B b	C c	D d

カード例2. 大文字を表側，小文字を裏側に印刷する。

A	a

（カードの表側）　（カードの裏側）

　アルファベット文字を指導していく上で，子どもがどれだけ文字を認識しているのか，子どもの認識レベルをチェックしていく必要があります。アルファベット文字指導と一言では言っても，表1のように文字を認識するレベルにも差があります。発音指導したからすぐに書きの指導ができるわけではありません。子どもが英語文字の読み書きを学習していく上で，アルファベットをただ順番で発音しておしまいではなく，その文字を教える際は，音声と文字を接続させていくことが大変重要です。急に「書き」の活動を進めるのではなく，様々な活動を通じて子どもの認識度をレベルチェックしてみましょう。大文字より小文字がぐっと難易度が上がります。以下の活動は，ア

ルファベット文字を学習中の中学年でも実施できますが，書く活動をする前の5年生で，書き方を指導する前に表1を使ってチェックしてみましょう。アルファベット文字の認識ができないのに，書き方指導を進めてもかえってつまずいてしまいます。子どもの文字の認識レベルを観察しながら，次のレベルへ進めていくようにしましょう。

表1. アルファベット文字の認識レベル（読む〜発音するレベル）チェックシート
（書き指導導入までに各レベルの対応スピードにも注意して観察しましょう）

レベル	認識レベル	対応する活動
1	アルファベット大文字なら認識できている。小文字はまだあまり認識できていない。	• 大文字カードをアルファベット順に並べる。 • ランダムに発音した大文字を指せる。
2	アルファベット小文字がだいぶ認識できるようになっている。しかし，まだ認識できていない小文字もある。	• 小文字カードをアルファベット順に並べる。 • ランダムに発音した小文字を指せる。
3	大文字に対応する小文字がだいぶ認識できるようになっている。しかし，まだ認識できていない小文字もある。	• 大文字と小文字マッチング：大文字カードの上に小文字を置いていく。 • 発音された大文字と小文字を指せる。
4	大文字【名前】対応発音，【音】（ア・ブ・ク…）認識	ランダムに大文字を指さしてアルファベットの【名前】（エイ・ビー・スィー）を言うことができる。また，【音】を聞いて対応するアルファベット文字を指せる。
5	小文字【名前】対応発音，【音】認識	ランダムに小文字を指さしてアルファベットの【名前】を言うことができる。また，【音】を聞いて対応するアルファベット文字を指せる。
7	大文字の書き方指導開始	大文字の方が高さが同じなので，あまり間違えませんが，4線分全てを使って文字を書いてしまう子どもがいるので，注意しながら指導してください。
8	小文字の書き方指導開始	1階建て，2階建て，地下室付きの特徴を指導します。鏡文字や高さが違うだけで似ている文字に注意をうながします。

　日本語が母語の子どもは，下記のアルファベットの【名前】を発音の際に間違える傾向があります。AからZを順番に発音したら，文字の認識ができるかどうか，先生が発音したアルファベット名前に対応する文字を指せるかどうか確認してみましょう。

　また，子どもが個人で使える大きさの小カードを活用しましょう。文字の認識を導入してしばらくは大文字と小文字を並べてセットにしてカードを見せてください。アルファベットを順番に発音するだけでは，発音の間違いになかなか気付きません。また，子どもが一斉に発音して終了すると，間違って発音されたとしてもそのままになってしまい，子どもはその間違えたまま発音し続けることになってしまい，指導の意味がありません。アルファベット文字を1つずつ順番にゆっくり発音して，かつ，子どもの発音にも注意して聞いてみてください。特に下記のような間違いが頻発します。

◖間違えやすいアルファベットの【名前】の発音

　　　　c［si:］の発音が she［ʃi:］になってしまう。

　　　　g［dʒi:］が z［zi:］になる。z［zi:］が g［dʒi:］になる。

　　　　b［bi:］と v［vi:］

　　　　i の音読み［ɪ］と発音してeと混同する（ローマ字の影響）

◖読みや書きがまぎらわしいアルファベット文字のペア

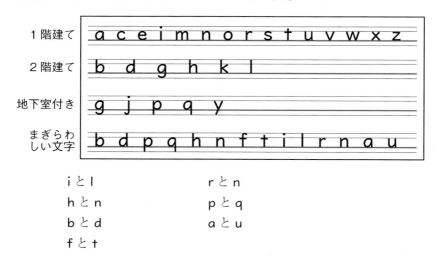

1階建て	a c e i m n o r s t u v w x z
2階建て	b d g h k l
地下室付き	g j p q y
まぎらわしい文字	b d p q h n f t i l r n a u

　　　i と l　　　　　　　　r と n
　　　h と n　　　　　　　　p と q
　　　b と d　　　　　　　　a と u
　　　f と t

様々なフォントに気をつけましょう

　検定教科書のアルファベット文字フォントは，ほとんどがユニバーサルデザインですが，四線の線と線の間隔が出版社によって異なります。2 線目と 3 線目の間隔を広く取っている四線は，1 階建ての a, c, e などの文字は大きく見やすくなった一方で，2 階建ての文字 h と 1 階建ての文字 n の区別がつきづらいなど，文字の認識が弱い子どもにとっては認識しづらい可能性もあります。特に小文字を認識する（解読する）という「読む」レベルでしっかり，1 階建て（a, c, e, i, m, n, o, r, s, t, u, v, w, x, z），2 階建て（b, d, g, h, k, l），地下室付き（g, j, p, q, y）の 3 タイプがあること，左右対称になる文字があること（b と d，p と q），縦線の長さや曲がり具合が違う（h と n，f と t）など，間違えそうな文字の組み合わせを明示的に指導してください。「読み」の段階で教えておくことは，スムーズな「書き」の指導段階につなげることになります。先生が単語カードを作成される際のフォントには注意を払ってください。

3 アルファベットジングル〔初級編〕

　アルファベットジングルとは，リズムに乗せてアルファベット文字の【名前】と文字に対応する【音】を連動させて，その音を頭音に含む単語を発音していきます。「文字の【名前】⇒ 文字の【音】⇒ 頭音にその【音】を持つ単語」の発音をアルファベット順にリズミカルに唱えていきます。アルファベット文字の【名前】と対応する【音】をセットにしてインプットを繰り返すことによって，次第に【名前】と【音】の対応が早くなり，発音も身に付くことを狙っています。単語の発音も定着できるようになります。

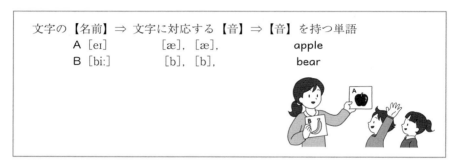

文字の【名前】⇒ 文字に対応する【音】⇒【音】を持つ単語
A [eɪ]　　　　[æ], [æ],　　　　apple
B [biː]　　　　[b], [b],　　　　bear

　アルファベットの指導とジングルの活動を入れて毎回10分程度，コミュニケーション中心の本活動前に帯活動として設定しましょう。

◆ 学年別の意図

　初めて導入する3年生のアルファベットジングルでは，なるべく1音節単語とし，知っている易しい単語で構成し，なるべく子音連結（p.5参照）は避けます。導入の目的は，単語の習得ではなく，英語らしい音声でアルファベットの【名前】と【音】の発音ができるようになること，単語の頭音がその【音】で始まることに次第に気付くことです。

3年生のアルファベットジングル例

	【音】	単語		【音】	単語
a	[æ]	ant	n	[n]	name
b	[b]	ball	o	[ɑ/ɔ]	octopus
c	[k]	cat	p	[p]	pig
d	[d]	dog	q	[kw]	quack ※duckの鳴き声
e	[e]	egg	r	[r]	rat
f	[f]	fish	s	[s]	sun
g	[g]	goat	t	[t]	top
h	[h]	hat	u	[ʌ]	up
i	[ɪ]	ink	v	[v]	van
j	[dʒ]	jam	w	[w]	watch
k	[k]	kite	x	[ks]	fo<u>x</u>
l	[l]	lion	y	[j]	yoyo
m	[m]	milk	z	[z]	zoo

5年生のアルファベットジングル例

単数形 　　複数形

	【音】	単語		【音】	単語
a	[æ]	ant (ants)	o	[ɑ/ɔ]	octopus (octopuses)
b	[b]	bat (bats)	p	[p]	penguin (penguins)
c	[k]	cow (cows)	q	[kw]	quack ※duckの鳴き声
d	[d]	dog (dogs)	r	[r]	rat (rats)
e	[e]	elephant (elephants)	s	[s]	snake (snakes)
f	[f]	frog (frogs)	t	[t]	tiger (tigers)
g	[g]	gorilla (gorillas)	u	[ʌ]	up
h	[h]	hamster (hamsters)	v	[v]	van(vans)
i	[ɪ]	iguana (iguanas)	w	[w]	wolf (wolves)
j	[dʒ]	jet (jets)	x	[ks]	o<u>x</u> (oxen)
k	[k]	kangaroo (kangaroos)	y	[j]	yard(yards)
l	[l]	lion (lions)	z	[z]	zebra (zebras)
m	[m]	mouse (mice)	ch	[tʃ]	cheese
n	[n]	newt (newts)	sh	[ʃ]	sheep(sheep)

　5年生では，4月に I like 〜の単元があるため，自己紹介で使用するI like 〜で頻出する動物の名前で構成してみました。u, v など動物の語彙がない場合は，1音節語彙のままでかまいません。長い複数音節単語を入れると，ジングルのリズムが乱れ，リズムに合わせて発音しようとしてかえって発音が崩れてしまいます。単数形の発音に慣れてきたら， I like 〜s のように複数形で表現することを授業内で説明し，次回授業からはジングルで複数形も発音してみます。語尾の s の発音の中にも［s］で発音するものや［z］など，特殊な発音に気付いているかどうか尋ねてみることもできます。頻出語彙も多くありますが，iguana, kitten, newt, quack など，少し見慣れない単語を含めるようにします。

◘指導のポイント

　先生が発音するときは，必ず先生の口元を見ることに意識を集中させましょう。日本語にない音素をたくさん含んでいますので，聞いていても下を見ていては，先生の発音をまねて言うことはできません。ALT の先生にジングルを発音してもらえるようであれば，担任の先生は，教室内を見渡しながら子どもに口元を見ること・声を出すことの声がけを毎回してください。筆者（河合）が授業実践している5年生の教室では，ジングルの最中に担任の先生が「〜君，今日は前回よりもっと大きく発音しているね。」，「〜さんはよ〜く見て大きな声で発音しているね！　いいね！」など，常に子どもに声がけをして，この活動に対する子どもの意識を高めることを心がけていました。もし，授業内で音声指導の活動時間があまり設けられなくても，1年間毎回の授業でジングルの活動だけでも続けることは，日常生活で英語に触れる環境にない日本の子どもの英語音声に対する意識や理解度（聞き取り能力や発音能力）の向上に繋がります。

　惰性で発音させないようにしましょう。

　子どもは先生をまねることは得意です。元気よく，大きな声で発音することでしょう。しかし，いつのまにか発音が日本語っぽく間延びしてしまっては意味がありません。ポイントは音をきちんと切って発音することです。

　悪い例．　b［b］［b］bear のとき，【音】の［b］［b］が「ブーブー」と，母音がくっついて，間延びした発音になってしまっている。

　この現象は，低学年・中学年でも見られます。先生がある程度，明示的に「英語の発音だね。ALT の先生はホントにブーブーって言っているかな？」と質問するなどして，気付きをうながしてみましょう。

教室内を静かに，一斉に見る意識作りをしましょう。

　子どもには静かに一斉に先生を見る・聞くという「傾聴姿勢」を徹底させ，発音の際には自分の声が聞こえるようにしっかり発音するよう指導しましょう。

学年に合わせて絵カードから語彙を選びましょう。

　低学年はなるべく 1 音節程度で易しいレベルから始めてみましょう。高学年でも検定教科書では複数音節単語を多く取り扱っていますが，ジングルの場合はアルファベットの名前の順番が徹底される，頭音をしっかり認識できることが目的なので，1～2 音節単語から取り入れて，始めていきましょう。音素認識力がある程度高まるまでは，文字が対応していない語彙はまだ控えます（例．g は [g] の発音の grape, gorilla などから先に教え，[dʒ] の発音の giraffe は後から指導します。j で [dʒ] jacket, jam, jar で先に指導するため，混乱させないためです）。

高学年にはアルファベット文字を見せながら行いましょう。

　黒板にアルファベット表を貼り，絵カードを使って発音していきましょう。高い認知能力を持つ高学年の子どもは，文字を表記することで英語音素への理解の手助けにもなるとの考え方から，音声と文字を常に一緒に出すようにして，音声と文字が結びつくことを心がけましょう。やり方に慣れてくると，高学年の子どもの場合，面倒くさがってあまり口を開けない，ほとんど発音しない子どもがいるかもしれません。その際，この毎授業の音声指導の帯活動が中学に進学してから必ず役立つことを子どもに話し，そのために ALT の発音をしっかり聞く，発音の口をまねるなどに留意するように指導してください。

4 アルファベットジングル〔中級編〕

　頭音（beginning sound）の認識をチェックしましょう。毎回のジングルの活動に慣れてきたら，第1章**3**の音素の指導順序に従って，まず頭音の子音が認識できるかどうかチェックします。日本の子どもへの英語音素認識の指導は，**破裂音⇒鼻音⇒摩擦音⇒破擦音⇒半母音・側音⇒母音**の順序で指導していきます（詳しくは第1章 pp. 26〜28 をご参照ください）。先生は，頭の音を "What is the onset sound（または beginning sound）of *bat*?" と尋ねて，先生の発音した単語の頭音が言えるかどうか確認していきましょう。*bat* なら児童は [b] [b] と答えるように促します。この活動は，音素認識能力のうち，**音素の特定**（単語の頭音や語末の音素を認識できる能力，詳しくは第1章 p. 24 を参照）を伸ばす活動です。あくまでも音素がわかるかどうかを尋ねていますから，文字を示す必要はありません。低学年や中学年でもできる活動です。毎回単語数個ずつやってみてください。高学年では対応する文字を "What is the letter?" のように尋ねてみましょう。アルファベットの文字の【名前】letter と【音】sound を区別するように指導しましょう。*bat* の場合は，【音】が [b] で，【名前】が [biː] となりますね。

　この活動の中で，音素を尋ねる順番として，破裂音の [b] [p] [d] [t] や鼻音の [m]，摩擦音の [f] [v] など，目で口元を見れば判断しやすい子音から尋ねてみましょう。長い時間を取る必要はなく，数分程度行います。慣れてきたら，段々と聞き取りが難しい，口元だけでは判断しづらい子音を加えていきます。また，同じ単語を使って尋ねているので，毎回のように行っていると慣れや惰性で答えてしまいがちになるため，同じ音素を持つ単語を使って尋ねてみましょう。前回は "What's the onset sound of *bat*?" で，今回は "What's the onset sound of *basketball*?" のように，頻出語彙を使って尋ねるのもよいですね。頭音がわかるようになったら，終わりの音（ending sound）も尋ねてみましょう。頭音と終わりの音がわかるようになることは，単語がいくつかの音で構成されているかを何となく理解できるようになっているということです。頭音は音響的に余韻が残らないので，特に明示的に指導する必要があります。頭音がわかるということは，単語の終わりの音は，指導に時間があまり取れなくても聞き取る能力は向上しているということが検証結果からわかっています。頭音が言えるようになったら，今度

は，先生が音素を発音して頭音を持つ単語が言えるかどうか確認します（例.
先生が［b］と発音したら，子どもは *bat* と答える）。このとき，日本語にない
子音は，日本語の音に置き換えて聞こえるので，2つの発音をわざと連続で
発音して，どの音素を発音しているのか尋ねてみましょう（例.［b］と［v］
の区別）。

　さらに学年相応の単語でアルファベットジングルを作ってみましょう。例
えば，高学年では難しめの単語を含めてみます。ある程度ジングルが定着し
てきたら，数か月単位で別の単語にしてみましょう。あくまで学年相応の語
彙のレベルを選ぶようにします。絵カード単語リスト（**pp.** 180〜181）をご
参照ください。

5 音素認識能力を伸ばす活動

　ここでは，第1章**3**で解説した6つの音素認識能力（p.24を参照）を伸ばすために，絵カードを使った活動をご紹介します。毎授業の帯活動の音声指導に加えて，日々の子どもの音声に対する意識や実際の聞き取りや発音能力のレベルに応じて，先生方が授業に取り入れられる活動です。

(1) 音素の特定

　単語の個々の音素を認識できる力をつけていきます。単語の頭音や終わりの音の音素を認識できるよう，毎回のジングルが終わったら，まず頭の音を聞いてみる，数か月経って頭音の子音が答えられるようになったら，終わりの音も尋ねてみるようにします。

(2) 仲間の音素の認識

　単語群の中で共通の音素を認識できるようにしていきます。第1章**3**p.28「音素の発音指導方法」で紹介していますので，ご参照ください。

(3) 仲間外れの音素の特定（仲間外れはどれ？）

　単語群の中で異なる音素を特定できる能力をつけていきます。例えばbus，bun，rug の中で rug だけ頭の音が異なることがわかるといったものです。

　目標音素を持つ絵カード複数枚と，似たような発音の音素を持つカードを1枚追加しておき，頭音が「仲間外れの音はどれ？」クイズをしましょう。

(4) 音の引き算

　ある単語から1つの音素を取り除くと別の単語であることがわかる能力を指します。

◘音の引き算活動

　動画で使用した単語を活用してみましょう。まず，絵カードの表側を見せます。裏の綴り側は見せずに，音素を認識し，操作できるかどうかを観察しましょう。

例. Teacher： What is this？（元の単語を確認。きつねの絵カードを見せて）

　　Students：A fox.

　　Teacher： If you take a way [f] from "fox"？

　　Students：An "ox". （6年生の場合は，綴りもきいてみましょう。）

低学年〜中学年では絵カードだけを見せて「音遊び」ができます。

 から [f] を引いたら？⇒　そう，答えは になるね。

高学年は裏の綴りを見せながら，

 から [f] を引いたら？⇒　そう，答えは になるね。

のようにすると，音声指導から文字指導へ発展していることになります。

　このクイズができるのであれば，ox⇒「何を足して fox になる？」というように，音の足し算クイズもできますね。子どもがまさしく音素を操作させている能力〈**音素認識能力**〉が向上していることを，指導をしながら実感できるでしょう。

(5) セグメンテーション（音素へ分解）

　例えば bat と聞いて3つの音素 [b] [æ] [t] がわかる能力のことです。以下に活動方法を記します。

◆セグメンテーション活動

　3文字程度で1音素が1文字に対応している単語について，"How many sounds？" と尋ねてみる。

例. Teacher： How many sounds in a word "bat"？

　　Students：Three.

このように答えられるかどうか確かめてみます。

(6) ブレンディング（音素の融合）

　セグメンテーションとは逆で単語の音素を分解して発音して何の単語かがわかる能力のことです（例. [b] [æ] [t] と個々に聞いて bat とわかる）。

　これができるようになるのは，目安として６年生の２学期（後期）頃からです。

◆ブレンディング活動をやってみましょう！

準備するもの：アルファベット小文字カードセットを子ども２人に１セット

　真ん中の母音の判別が難しいので，子どもは隣り同士の２名で一緒に取り組ませるとよいでしょう。できるようになったら子ども１人でやってもらいます。先生は，「３文字単語の音を１つずつ発音するね。音がわかったらカードを取って机に並べてね。何という単語かな？」と言ってから，音素１つずつをゆっくりと発音します。子どもは聞こえた音素に対応する文字をカードから選んで机の上に置きます。

　＊ブレンディングとセグメンテーションについては，第１章**3**の pp. 25〜26 で
　　説明したように，英語初習の日本語母語の子どもが英語の母音を認識する能力
　　は，子音を認識する能力が向上してからでないと育ちません。セグメンテーシ
　　ョン（音素へ分解）が十分できるようになってから，ブレンディング（音素の
　　融合）の活動を行います。

6 発音指導で使えるさまざまな活動

　第 1 章**❸**で解説した以下の音素の指導順序に従って，絵カードを使って指導してみましょう。指導の時期については第 1 章**❺**（p. 63）を参考にしてください。高学年は小文字カード（黒板用）も用意してください。

破裂音 ⇒ 鼻音 ⇒ 摩擦音 ⇒ 破擦音 ⇒ 半母音・側音 ⇒ 母音

◖絵カードを使ってミニマルペアクイズ 1

　動画の各回 Part 2 のミニマルペアクイズを視聴した後に復習してみましょう。聞くだけでなく，発音にも挑戦です。動画では 2 つの単語の比較でしたが，授業内では絵カードを使って boat-goat-coat のように，3 つやそれ以上にして「どれを発音しているでしょう」クイズをすることも可能です。

動画（第 1〜10 回）のミニマルペア

1	bear-pear, pen-hen, goat-coat	6	ham-jam, bug-rug, mug-rug
2	box-fox, can-pan, house-mouse	7	pear-chair, cook-book, mop-top
3	moon-spoon, tie-pie, kitten-mitten	8	boat-goat, jar-car, car-star
4	men-ten, zoo-two, name-game	9	ball-doll, tall-wall, small-wall
5	man-van, fan-van, rain-train	10	king-ring, ring-sing, nest-vest

◖絵カードを使ってできるミニマルペアクイズ 2

　（Part 3 Onset & Rime で取り上げている語彙は含みません。）

　ミニマルペアクイズはオンセット＆ライムの関係にも気付けることにもなりますが，中には red と head のようにライムの部分の発音が同じで綴りが違う単語の組み合わせもあります。絵カードの表面の絵を見て「頭音が違う，でもその後は同じようだ」という気付きがあってから，高学年の場合は裏の綴りを見せてあげましょう。bed-red のような音と文字が対応している関係の組み合わせについては，綴りを見せる前に子どもに「文字は何？」と尋ねて，音を聞いて文字を対応できるかどうか観察してください。

　＊動画以外のミニマルペアの組み合わせは，全て絵カード語彙セットからダウンロードできます。

cap-map-nap	boys-toys	fish-dish	night-light-kite
peach-beach	pocket-rocket	bag-flag	park-shark-dark
net-vet-jet-wet	nail-tail-snail	bed-red-head	rock-sock-clock
dog-log-frog	dad-sad	fork-pork	lake-rake-cake-snake
sand-hand-band	rice-dice-mice	peas-beads	bee-key-tea-tree
bar-car-jar	wagon-dragon	bug-mug-rug	lamp-stamp
two-zoo	duck-truck	door-floor	
rain-train	top-mop	gate-date	

◖「どっちを発音しているでしょう？」クイズ

　紛らわしい発音を持つ２つの単語の絵カードを組み合わせて行いましょう。問題の種類は，「A．真ん中の母音が紛らわしく判別が難しい」「B．ペアのうち１つが日本語にないために判別しづらい」「C．終わりの音が判別しづらい」，の３パターンに分けてあります。絵カードは１枚ごとに提示するのでもいいですし，以下のように１枚に２単語を印刷して見せるのも効果的です。下記に紹介している組み合わせは，日本人英語学習者が聞き取りも発音も苦手としている音素の含まれた組み合わせです。一度できたからといって良しとするのではなく，何度も目にする，聞き取りをしてみる，発音してみる，のようにくり返し扱うスパイラル学習が大切です。いつ尋ねても判別できるようになっていたら，音素に対応する文字を尋ねてみましょう。

A．真ん中の母音が紛らわしいペア（QR コードで音声チェック！）

map-mop, man-men-mom, net-nut,
cap-cup, ship-sheep, pen-pan-pin,
bag-bug, quack-quick, fan-fun

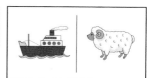

B．日本語にないために判別しづらい音素のペア
　　（QR コードで音声チェック！）

glass-grass, flag-frog, lake-rake, light-right

＊right は絵カードにありませんが，先生の右手（子どもにとっては鏡になるように左手）を挙げてください。あるいは絵カードを使わなくても，教室の電灯を指さして light，右手（鏡で左手）を挙げて right と言いながら，聞き取り

クイズをやってみましょう。

C.　終わりの音の違い：（▶ QR コードで音声チェック！）

mouth-mouse, ten-tent, lam<u>b</u>-lamp

＊下線の b は黙字と言って発音しない文字です。

◆正しく発音したかどうか聞き取りクイズ

　日本語にない音素の聞き取りは，先生にとっても難しいものです。先生が
わざと発音を間違えてみたり，絵カードを見せて「この発音は正しい？　違
う？」のようなクイズをやってみましょう。例えば，下のように ham の絵
カードを見せながら "Is this [fæm]?" と，[h] ではなく，[f] で発音してみ
てください。子どもはきっと，首を横に振って「先生，違いますよ，h の発
音ですよ。」と指摘してくれることでしょう。

　　わざと [fæm] と発音してみる。

他にも，わざと間違えるパターンとして以下のようなものがあります。

（正解）	⇒	（間違い）	（正解）	⇒	（間違い）
seal	⇒	sheal と発音してみる	seed	⇒	sheed と発音してみる
sheep	⇒	seep と発音してみる	ship	⇒	sip と発音してみる
sing	⇒	「シング」と発音してみる	tooth	⇒	「トゥース」と発音してみる

◆高学年向けの発音指導と読み書き指導：音素認識ワークシート（付録 1）を活用しよう

　子音の種類別（①破裂音，②鼻音，③摩擦音，④破擦音，⑤半母音・側音，⑥
母音）に子どもが音素に対応する文字が書けるかどうか付録 1 のワークシー
トを使ってみましょう（p. 182～）。このワークシートは，単語の頭音や終わ
りの音，母音を認識でき，かつ対応する文字を認識して，書いていくという
活動になります。①破裂音の場合，頭音や終わりの音が [b] [p] [d] [t]
[g] [k] の音素であること，つまり対応する文字は，b, p, d, t, g, c/k とい
うことを伝えておきます。黒板に該当文字カードを貼っておきましょう。子

どもには「聞こえた単語の頭音や終わりの音に対応する文字を書きなさい。ワークシートの順番通りには発音しません。集中して聞き取りましょう。」と指示しておきます。担任の先生またはALTは，問題の単語をランダムに2回ずつゆっくりと発音します。

◆指導方法

破裂音のワークシート1を使って説明します。音声指導の帯活動中に実施できる問題量です。頭音だけでなく，終わりの音の破裂音も含みます。batは，頭音がb，終わりの音がtとどちらも破裂音の単語ですね。明示的に学習した音素について復習すると同時に，既習の単語を使って音素に対応する文字を書いていくことは，聞いた単語の音素を認識して，アルファベット文字をリンクさせていくことになります。【音素を聞く】⇒【音素を認識する】⇒【音素に対応する文字を認識する】⇒【対応する文字を書く】⇒（答え合わせをしてから）⇒【書いた文字を発音してみる】という流れは，英語の音声と読み書き能力を向上させていく上で大切な指導プロセスとなります。

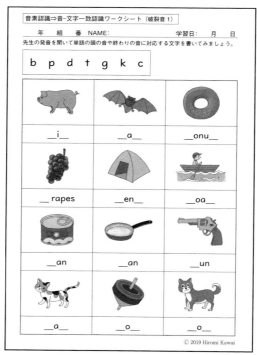

ワークシート1（破裂音，p.182に掲載）

注意点

① 　問題はワークシートの順番通りではなく，ランダムに出題します。できる子どもは発音を聞かずに絵を見てすぐに書き出してしまうため，必ず発音を聞いてから，該当する単語の空欄に該当する文字を書くように指導してください。

② 　発音を聞くときの子どもの傾聴姿勢を徹底しましょう。「出題する先生の顔の口形をよく見る⇒シートを見て対応する文字を書く」という一連の行為を静かに集中してするように徹底指導してください。みんなが静かにすれば，教室内の騒がしさも減り，発音も聞き取りやすくなることを理解させましょう。

③ 　意味と結びつけることが大切です。高学年になると音を聞くだけよりも，意味を結びつけて理解しようとする傾向が強くなります。

④ 　[k] は c/k のうち，c が多いという点は，フォニックス学習の領域となります。どのような規則があるかというのは，英語が母語の人でも曖昧です。q も含まれますが，q の場合は quiet や quick のようにたいていその後に [w] を伴います。英語母語の子どもは，就学までに cat など 3 文字で綴られるような初歩レベル単語を習うとき，母音の a, o, u の前には c がきて，i や e の前には k がくると教えられるようです。確かに cat, cap, cop, cup になり，kid, kit, key となりますね。また，c のあとに e がくると c の発音は [s] となり，cent [sent], cell [sel] のように発音が変化しています。

　ワークシートは付録 1 に音素種類別に 10 回分を掲載してあります。先生自身が作成される際は，絵カードのイラストを活用したり，検定教科書で頻出する単語の絵カードを用いても良いと思います。また，季節や異文化理解などテーマに応じた語彙で作成することができます。例えば，クリスマスの語彙には破裂音で始まる単語（bells, candles, December, Turkey, Christmas など）や摩擦音で始まる単語（Santa Claus, sleigh など）が多いです。ただし，高学年の検定教科書は複数音節単語（いわゆる，綴りの長い単語）が大変多く，ワークシートに長い単語ばかりを出してしまうと，頭音を聞き取って対応する文字を行うワークであっても，文字数が多いことで混乱してしまう子どもがいますので，問題数や音節数に注意してください。

　このワークシートを活用することによって，高学年児童はこれまでに習った知識を応用して，書いてある文字から読み方を推測したりできるようになります。つまり，「フォニックス」の初歩段階を先生が指導していることにもなります。

7 音韻認識の指導で使える活動

オンセット＆ライムを使って，音韻認識を体感させましょう。

Step 1 チャンツでライム表現

本動画で取り扱うオンセット＆ライム（一部ミニマルペア）の単語を使って，ライム表現を作成しました（次ページ参照）。チャンツで発声していくことで，オンセット＆ライムの理解を促進し，英語の音声を意識しながら英語の表現をスムーズに言えるようにしていくことが狙いです。一通り動画を視聴しても，何度も復習してスパイラル（積み重ね）学習をしていくことが大切です。導入では全体を通して理解させるようにし，次に授業で取り入れる際には，真ん中の母音の発音に注目するとか，ライムを使って音声から文字の一体型学習ができる等，学習の幅を広げ，自分で言えるようになるという達成感を味わうことができます。

ライム表現にはすべて意味があります。子どもに絵カードを使って提示し，意味を理解できるように絵カードを動かしながら先生自身やALTがライム表現をまず発音して手本を見せます。指導方法は第1章 3 pp. 40～47 を参照してください。

急に全部を暗唱させようと思うと「無理！」と，嫌がる子どももいるかもしれません。そのような場合は，ライムの一部に穴開き部分をつくり，その部分を子どもに言ってもらいましょう。徐々に子どもの担当箇所を増やしていきます。最終的に全部できるようになるように段階的に練習して，「いつの間にか言えるようになっている」体験をさせてあげましょう。

リズミカルにチャンツで言ってみましょう。最初はゆっくり，段々スピードを上げてください。先生が手本を示される際にやや速いスピードで行うと子どもは「へえ，すごい」と思うと同時に，聞き取りがあまり得意ではないと「速くて無理，何言ってるかわからない」と拒絶してしまうこともあります。目標を示す，その目標を達成するためにまずゆっくりしたスピードから始めてみようかというスタンスが必要です。多くの子どもは，発音できない場合，聞き取りがよくできていないことが原因と思われます。高学年の場合，まずはよく聞き取って意味がわかることが大切です。ただ，意味がわかることと，日本語に訳してしまうこととは違います。絵カードを使って，全体として意味を捉えることが大切です。

オンセット＆ライム学習のチャンツのリスト

（▶ QRコードで音声チェック！）

動画の回	意味がわかるイラスト	ライム表現
1 & 2		A cat in the hat, a cat on the mat, A fat cat on the mat, A fat rat under the mat A fat rat on the fat cat.
3		A big pig in a wig eating a fig.
4		A man has a fan. Because he is hot. The man has a can and a pan. The man is cooking. A man has a van. The man is driving. A man has a fan, a can, a pan, and a van.
5		Three men have ten pens and ten hens. How many men? – Three men. How many pens? – Ten pens. How many hens? – Ten hens. Three men have ten pens and ten hens.
6		A bug on the rug. Oh no! A bug in the mug. Oh no! A bug in the mug on the rug. Oh no!
6		Run, run, run, Running in the sun, Eating a bun, Fun, fun, fun, Running is fun. Having a gun is not fun!
7		An ox in a box, A fox in a box, Where is the ox? It's in the box. Where is the fox? – It's in the box. What a big box! What a big box! They are in the huge boxes!

8		A car on the bar. A car in the jar. A car and a star on the bar. A car and a star in the jar.	
8		A pin is thin. A fin is thin. Fins are thin. A thin boy and a fat boy, have a thin pin and thin fins.	
8		A fat boy and a thin boy, The boys are twins. The boys are spinning. Spin, spin, spin. Let's play a game. Who wins? A thin boy wins. Really? Yes. A thin boy wins.	
9		Ink is pink. Drink pink ink. The pig is pink, oink, oink, oink. The drink is for the pig, oink, oink, oink. Ink the drink with pink ink.	
9		A small ball, a small doll, and a tall boy. A tall boy has a big ball and a small doll. A tall boy by the tall wall has a big ball and a small doll. A small doll on the tall wall. A tall boy has the small doll on the tall wall.	
10		A king has a ring. A girl can sing. A king can swing. A girl can swing. A king with a ring can sing. A girl can sing and swing. A king with a ring and a girl can sing and swing.	

＊チャンツのリズムのみの音声はこちら→

Step 2 オンセット＆ライムと読み書き指導の連携：ワークシート（付録2）を活用しよう

　動画の各回のオンセット＆ライムに対応したワークシートを作成しました（p. 192〜）。基本的に音素に対して1文字の単語が構成されていますので，初習レベルとして最適です。応用として，ワークシート6は-ox，ワークシート9は-ing，ワークシート10は-all を取り扱っています。

　指導方法は，音素認識ワークシートと同じで，先生が発音した単語を聞いて，子どもは空欄に対応する文字を書いていきます。単語が意味と結びつくように，ヒントの絵が上欄に描かれています。巻末ページ（pp. 202〜203）に問題のポイントを解説しています。発音する単語の順番は，視覚的に口形や唇，舌の動きから分かりやすい頭音から始め，聞き取りづらい音へと問題が段々難しくなるようにしてあります。綴りに迷う単語（例. [k]を表すcかkで始まる単語）は，最も間違えやすいのでチャレンジ問題とします。例えば，次ページのワークシートでは，児童が意味を知っているためcatを最初出題したくなりますが，綴りの観点から最後に出題します。したがって，出題の順序は，bat ⇒ mat ⇒ hat ⇒ fat ⇒ rat ⇒ cat とします。hat と fat はどちらが先に来てもかまいません。

　このワークシートでは，絵カードの語彙だけでなく，同じライムを持つ単語で子どもが認識可能なレベルの語彙を含めています。ワークシートの回数を重ねるにつれて，子どもが間違えそうな問題をチャレンジ問題として含めていますので，ポイントを指導前に必ずご確認ください（pp. 202〜203）。

　このワークシートの活動でも発音を聞くときの子どもの傾聴姿勢を徹底しましょう。「出題する先生の顔の口形をよく見る⇒シートを見て対応する文字を書く」という一連の行為を静かに集中してするように徹底指導してください。みんなが静かにすれば教室内の騒がしさも減り，発音も聞き取りやすくなることを理解させましょう。

Onset & Rime ワークシート1 -at（動画第1回～第2回連動）

| 年 | 組 | 番 NAME: | | 学習日： | 月 | 日 |

ヒント

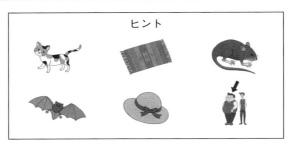

最初の音を変えたら？（先生の発音を聞いて下のアルファベット表から文字を選んで入れてみましょう。）

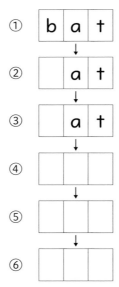

① b a t

② a t

③ a t

④

⑤

⑥

a b c d e f g h i j k l m
n o p q r s t u v w x y z

ワークシート1　−at のオンセット＆ライム（p.192）

8 音節の明示的な指導

　音節を足して単語にしたり（音節の足し算），単語を音節に区切る活動は，動画だけでなく，授業活動にも是非取り入れましょう。高学年では，検定教科書に頻出する複数音節語彙を使って行うと，語彙学習の促進にもなり，効果的です。音素認識・音韻認識能力を向上させる活動と並行して，音節を意識する学習を取り入れることは，英語らしい音声を習得する上で欠かせません。英語の音節を体感して英語のリズムを自然に習得できる活動です。低学年は少ない音節数（1～2音節）から始めましょう。高学年は検定教科書で扱う単語の音節数が増えるので，音素の指導と並行して音節の単位を捉える学習として最適です。

◆音節区切り高学年編

　検定教科書に頻出する単語を使って，動画の Part 5 を応用してみましょう。5・6年生で扱う単語は数が増えただけでなく，長い単語が増えました。長い単語というのは，1つの単語の中に音節数が3つも4つも入っているような複数音節を持つ単語です。例えば，行きたい国を扱う単元では，たくさんの国の名前が頻出し，英語名が日本語（外来語）名と異なるだけでなく，Australia のように3音節で，強勢位置も日本語の「オーストラリア」と異なるものがあるので注意が必要です。国名がたくさん出てくるので，異文化理解や社会科連携にも発展できる児童にとっては魅力的な単元です。しかし，一方で知っている国なのに，英語らしく発音することはなかなか難しいようです。また，5年生の中には社会科が苦手で，この単元を導入する時点では，よく耳にする国なのにどこにあるのかは知らない，国の名前についてほとんど知識を持たない児童もいます。そこで，様々な国名を使ってリズミカルなチャンツにしてみました。

　以下のチャンツを ALT と作成し，この単元を指導する期間中は毎授業で，国名を発音しながら音節に合わせて手を叩いてもらう活動をやってみました。国の名前をまだよく知らない児童も理解できるように，インプットの際に，音節に合わせて手を叩くという聴覚的な刺激を与えながら，下の図のような世界地図に国旗を入れたポスターを作成して視覚保障をすることを心がけました。メロディのないチャンツでもできますが，"Yakko's Nations of The

World"（by Rob Paulsen）https://www.youtube.com/watch?v=x88Z5txBc7w というたくさんの国々を並べて歌っている動画の歌のメロディで歌うこともできます。その際は，ゆっくりとしたテンポで手を叩きながらまず先生が歌います。次に，国名の発音と手の叩きを合わせるようにして，国名を１つずつ発音しながらリピートさせます。図の国名の中で，France と Spain は１音節なので１回手を叩く，China, Japan, Russia, Thailand では２音節なので２回，Italy, Canada, Australia, India, Mexico, Korea, Germany は３音節なので３回，Columbia は４音節なので４回手を叩くことになります。これらの国が外来語で示されると，例えば，フランスとスペインは４拍で，英語の音節と明らかに違うことがわかります。

国名クラッピング

1番	音節数（クラップの数）	2番	音節数（クラップの数）
Italy	👏 👏 👏	Mexico	👏 👏 👏
Canada	👏 👏 👏	Korea	👏 👏 👏
China	👏 👏	Germany	👏 👏 👏
Australia	👏 👏 👏	Russia	👏 👏
India	👏 👏 👏	Columbia	👏 👏 👏 👏
France	👏	Spain	👏
Japan	👏 👏	Thailand	👏 👏

♪Let's sing!（▶ QR コードで音声チェック！）

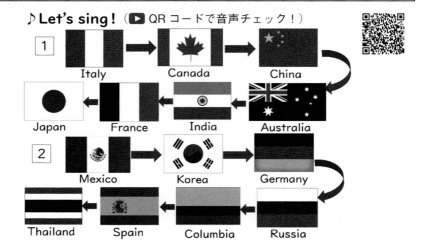

頻出語彙でクラッピング

　本書では，動画の PART 4 と PART 5 を授業でもご活用いただくために，複数音節の絵カードを用意しました。

音節	単語
2	baby, candy, carrot, cookie, crayon, dolphin, donut, dragon, elbows, farmer, flippers, flower, giraffe, guitar, hammer, ice cream, igloo, jacket, kitten, lemon, lion, mitten, (mother), monkey, noodles, notebook, orange, otter, panda, peanut, pencil, penguin, pizza, pocket, question, quiet, rabbit, rainbow, robot, rocket, rooster, ruler, salmon, spider, summer, tiger, towel, wagon, water, window, x-ray, yellow, yogurt, yoyo, zebra, zipper, cherries
3	banana, bicycle, butterfly, computer, elephant, gorilla, hamburger, iguana, kangaroo, library, octopus, omelet, potato, strawberry, telephone, tomato, triangle, umbrella, violin, xylophone,
4	alligator, television

9 絵本を使った低学年向けの音声指導

　低学年向け音声指導に適した絵本をリストにしました。これらの絵本には，韻を踏む表現がたくさん含まれ，英語の音声に親しむ活動が可能です。

Sheep in a Jeep（『ジープの中の羊』）(1988). Nancy E. Shaw（著），Margot Apple（イラスト）. Perfection Learning. ISBN：978-0812469813	
Peanut Butter and Jelly（『ピーナッツバターとゼリー』）(1992). Nadine Bernard Westcott（著）. Puffin Books Reprint 版. ISBN：978-0140548525	
Brown Bear, Brown Bear, What Do You See?（『くまさん，くまさん，なにみてるの』）(2010). Jr. Martin, Bill（著），Eric Carle（イラスト）. Henry Holt Books for Young Readers. ISBN：978-0805092448	
Five Little Monkeys Jumping on the Bed（『5匹のサルがベッドでジャンプ』）(2017). Eileen Christelow（著）. HMH Books for Young Readers；Brdbk 版. ISBN：978-1328884565	
Noisy Farm（『にぎやかなファーム』）(2014). Rod Campbell（著）. Pan MacMillan；UK 版. ISBN：978-1447243083	
The Gingerbread Man（『ジンジャーブレッドマン』）(2006). Kilmeny Niland（著）. Little Hare. ISBN：978-1921049491	
Today Is Monday（『今日は月曜日』）(1997). Eric Carle（著，イラスト）. World of Eric Carle；Reprint 版. ISBN：978-0698115637	
Frog on a Log（『丸太の上のカエル』）(2009). Leyland Perree（著），Joelle Dreidemy（イラスト）. Alligator Books. ISBN：978-1847507068	

Shark in the Park（『パークのサメ』）（2007）. Nick Sharratt（著，イラスト）. Corgi Childrens. ISBN：978-0552549776	
The Foot Book（『足 の お 話』）（1996）. Dr Seuss（著）. Random House Books for Young Readers；Brdbk edition. ISBN：978-0679882800	
Hop on Pop（『ホップオンポップ』）（2004）. Dr Seuss（著）. Random House Books for Young Readers；Brdbk 版. ISBN：978-0375828379	
The Cat in the Hat（『キャットインザハット』）（1957）. Dr Seuss（著）. Random House Books for Young Readers. ISBN：978-0394800011	
There Were Ten in the Bed（『ベッドに 10 人』）（2001）. Audrey Wood（著，イラスト）, Annie Kubler（イラスト）. Childs Play Intl Ltd；Revised 版. ISBN：978-0859538978	
There Was an Old Lady Who Swallowed a Fly（『ハエを飲み込んだおばあさん』）（2000）. Pam Adams（イラスト）Child's Play（International）Ltd. ISBN：978-0859531344	
The Very Busy Spider（『くもさんおへんじどうしたの』）（1985）. Eric Carle（著，イラスト）. World of Eric Carle. ISBN：978-0399211669	
Lion Hunt（『ライオン・ハント』）（2008）. Margery Cuyler（Adapter）, Joe Mathieu（イラスト）. ISBN：978-0761454540	
We're Gong on a Bear Hunt（『ベア・ハント』）（1995）. Michael Rosen（著）, Helen Oxenbury（イラスト）. ISBN：978-0744523232	

＊出版年はオリジナルの出版年ではない場合があります。

絵カード単語リスト（▶ 右の QR コードから音声，左から絵カードをチェック）

文字／音		単語		数
a [æ]		alligator, ant, apple		3
b [b]		baby, bag, ball, banana, band, bar, bat（野球バット）, bat（こうもり）, beach, beads, bear, bed, bee, bicycle, big-small, bird, boat, book, box, boy, bread, bug, bun, bus, butterfly,（brown, blue, black）		25
c [k]		cake, can, candy, cap, car, carrot, cat, clock, coat, comb, computer, cook, cookie, corn, cow, crab, crayon, cup		18
d [d]		dad, dark, date, desk, dice, dish, dog, doll, dolphin, donut, door, dragon, dress, drink, drum, duck		16
e [e]		egg, elbows, elephant, elf		4
f [f]		fan, farmer, fat-thin, fig, fins, fish, flag, flippers, floor, flower, foot, fork, fox, frog, fun		15
g [g]		game, gate, girl, glass, gloves, goat, goose, gorilla, grapes, grass, guitar, gun, giraffe の頭音は [dʒ]（green）		13
h [h]		ham, hamburger, hammer, hamster, hand, harp, hat, head, heart, hen, horse, hot dog, house		13
i [ɪ]		igloo, iguana, ink, ice cream の頭音は [aɪ]		4
j [dʒ]		jacket, jam, jar, jet, jump		5
k [k]		kangaroo, key, king, kite, kitten		5
l [l]		lake, lamb, lamp, leaf, lemon, library, light, lion, log		9
m [m]		man, map, mat, men, milk, mitten, mom（mother）, monkey, moon, mop, mouse, mouth, mug		13
n [n]		nail, name, nap, neck, nest, net, newt, night, noodles, nose, notebook, nut		12

o [ɑ(ɔ)]		octopus, omelet, orange, otter, ox		5
p [p]		pan, panda, pants, park, peach, peanut, pear, peas, pen, pencil, penguin, piano, pie, pig, pin, pizza, pocket, pork, potato, (pink, purple)		19
q [kw]		quack, queen, question, quick, quiet (shhh), quiz		6
r [r]		rabbit, radio, rain, rainbow, rake, rat, red, rice, ring, robot, rock, rocket, rooster, rug, ruler, run		16
s [s]		sad, salmon, sand, school, seal, seed, sing, sky, snail, snake, snow, soap, socks, soup, spider, sponge, spoon, stamp, star, strawberry, summer, sun		22
t [t]		tail, tall, taxi, tea, telephone, television, ten, tent, tie, tiger, tomato, tooth, top, towel, toys, train, tree, triangle, truck, two		20
u [ʌ]		umbrella, up		2
v [v]		van, vase, vest, vet (veterinarian), violin		5
w [w]		wagon, wall, watch, water, wet, wig, window, wolf		8
x [ks]		x-ray, xylophone （-ox の学習のために，box, fox, ox を加えてください。)		2
y [j]		yard, yellow, yogurt, yoyo		4
z [z]		zebra, zipper, zoo		3
ch [tʃ]		chair, chalk, cheese, cherries		4
sh [ʃ]		shark, sheep, ship, shoes		4

＊（ ）内の色の単語の絵カードはありません。お手持ちのカードをお使いください。
＊mom＝mother で1枚の絵カードです。
＊quiet は shee として使っても良いでしょう。
＊big-small, fat-thin は対の関係がわかるように，それぞれ1枚に2語を示してあります。

275枚

音素認識⇒音−文字一致認識ワークシート（破裂音 1）

年　　組　　番　NAME:　　　　　　　　　学習日：　　月　　日

先生の発音を聞いて単語の頭の音や終わりの音に対応する文字を書いてみましょう。

b p d t g k c

__i__	__a__	__onu__
__rapes	__en__	__oa__
__an	__an	__un
__a__	__o__	__o__

音素認識⇒音−文字一致認識ワークシート（破裂音２：食べ物編）

年　　組　　番　NAME:　　　　　　　学習日：　　月　　日

先生の発音を聞いて単語の頭の音や終わりの音に対応する文字を書いてみましょう。

b　p　d　t　g　k　c

__anana	__each	__arro__
__rea__	__rapes	__onu__
__ie	__oma__o	__ookie
__ake	__un	__or__

184

音素認識⇒音−文字一致認識ワークシート（鼻音）

年　　組　　番　NAME:　　　　　　　学習日：　　月　　日

先生の発音を聞いて単語の頭の音や終わりの音に対応する文字を書いてみましょう。

m	n

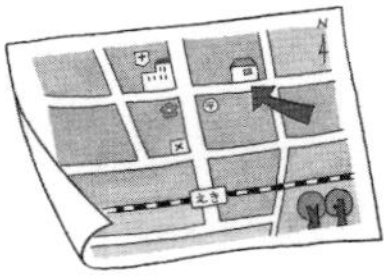 __ap	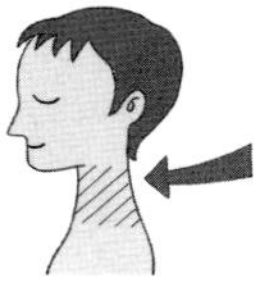 __eck	 __ouse
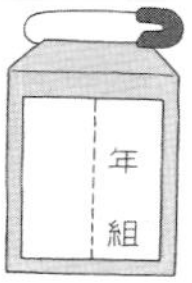 __ame	 __ilk	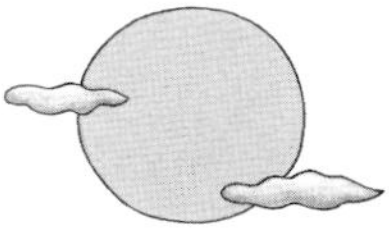 __oo__
 __a__	 __est	 __et
 __e__	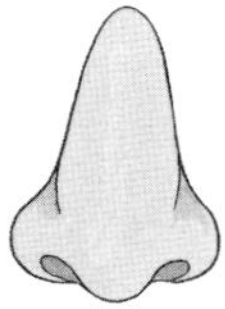 __ose	 __ewt

© 2019 Hiromi Kawai

音素認識⇒音−文字一致認識ワークシート（摩擦音 1）

年　　組　　番　NAME:　　　　　　　学習日:　　月　　日

先生の発音を聞いて単語の頭の音に対応する文字を書いてみましょう。

f	v	h

__at	__ig	__an
__ase	__en	__ish
__iolin	__at	__an
__amburger	__ork	__ouse

音素認識⇒音−文字一致認識ワークシート（摩擦音2）

年　　組　　番　NAME:　　　　　　　　学習日：　　月　　日

先生の発音を聞いて単語の頭の音に対応する文字を書いてみましょう。

| s | z | sh |

__now	__ebra	__poon
____eep	__pider	__ipper
__nake	__un	____oes
____irt	__oo	__tar

音素認識⇒音−文字一致認識ワークシート（摩擦音 3）

年　　組　　番　NAME:　　　　　　　学習日：　　月　　　日

先生の発音を聞いて単語の頭の音に対応する文字を書いてみましょう。

s　sh

____ark	__oup	__trawberry
__ummer	__ing	__eal
__almon	__eed	__oap
____ip	__nail	__ponge

188

音素認識⇒音−文字一致認識ワークシート（破擦音）

年　　組　　番　NAME:　　　　　　　　　　学習日：　　月　　日

先生の発音を聞いて単語の頭の音や終わりの音に対応する文字を書いてみましょう。

ch　j

 __et	 ____erries	 __ar
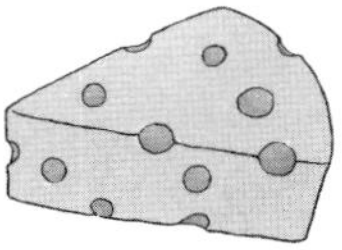 ____eese	 __am	 __ump
 ____air	 __acket	 ____ur____
 ____imney	 ____alk	 __eans

© 2019 Hiromi Kawai

音素認識⇒音−文字一致認識ワークシート（半母音・側音）

年　　組　　番　NAME:　　　　　　　　　学習日：　　月　　日

先生の発音を聞いて単語の頭の音に対応する文字を書いてみましょう。

l　r　w　y

__ake	__atch	__abbit
__uler	__emon	__o-__o
__olf	__ake	__ater
__et	__ellow	__amb

190

音素認識⇒音─文字─致認識ワークシート（単語の頭の母音）

年　組　番 NAME:　　　　　　　　学習日：　月　日

先生の発音を聞いて単語の頭の音に対応する文字を書いてみましょう。

a e i o u

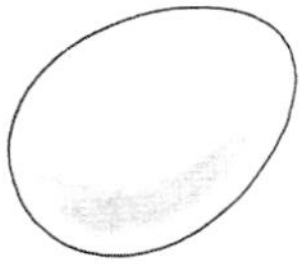 __gg	 __mbrella	 __nt
 __ctopus	 __nk	 __lephant
 __pple	 __tter	 __lf
 __lligator	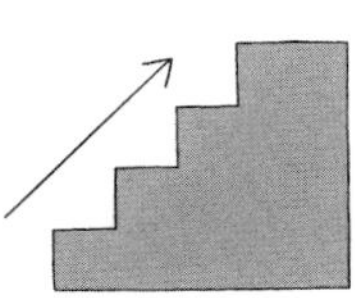 __p	 __guana

© 2019 Hiromi Kawai

音素認識⇒音—文字一致認識ワークシート（真ん中の母音）

年　　組　　番　NAME:　　　　　　　　　学習日：　　月　　日

先生の発音を聞いて，単語の真ん中に入る母音の文字を書いてみましょう。

a e o u

c__p	m__p	p__n
f__n	b__g	c__p
m__n	p__n	f__n
b__g	m__p	m__n

Onset & Rime ワークシート1 -at（動画第1回〜第2回連動）

年　　組　　番　NAME:　　　　　　　　学習日：　　月　　日

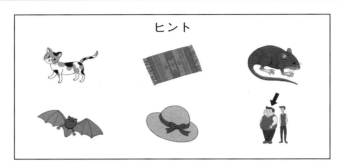

ヒント

最初の音を変えたら？（先生の発音を聞いて下のアルファベット表から文字を選んで入れてみましょう。）

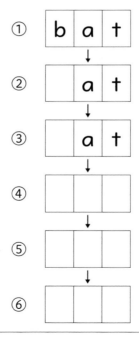

① b a t
↓
② a t
↓
③ a t
↓
④
↓
⑤
↓
⑥

a b c d e f g h i j k l m
n o p q r s t u v w x y z

Onset & Rime ワークシート 2 -ig（動画第 3 回と連動）

年　　　組　　　番　NAME:　　　　　　　　学習日:　　月　　日

ヒント

最初の音を変えたら？（先生の発音を聞いて下のアルファベット表から文字を選んで入れてみましょう。）

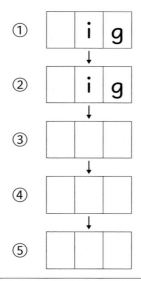

① | | i | g |

② | | i | g |

③

④

⑤

a b c d e f g h i j k l m
n o p q r s t u v w x y z

Onset & Rime ワークシート 3 -an（動画第 4 回と連動）

年　　組　　番　NAME：　　　　　　　学習日：　　月　　日

ヒント

最初の音を変えたら？（先生の発音を聞いて下のアルファベット表から文字を選んで入れてみましょう。）

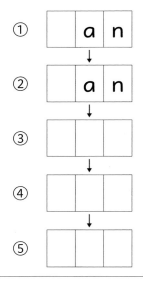

a b c d e f g h i j k l m
n o p q r s t u v w x y z

Onset & Rime ワークシート 4 -en（動画第 5 回と連動）

年　　組　　番　NAME:　　　　　　　　学習日:　　月　　日

ヒント

最初の音を変えたら？（先生の発音を聞いて下のアルファベット表から文字を選んで入れてみましょう。）

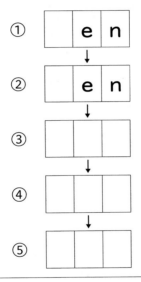

a b c d e f g h i j k l m
n o p q r s t u v w x y z

Onset & Rime ワークシート 5 -un（動画第 6 回と連動）

年　　組　　番　NAME:　　　　　　　　学習日：　　月　　日

ヒント

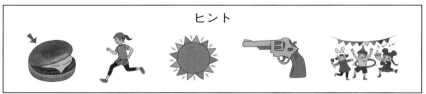

最初の音を変えたら？（先生の発音を聞いて下のアルファベット表から文字を選んで入れてみましょう。）

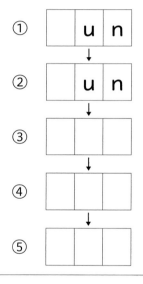

① | | u | n |

↓

② | | u | n |

↓

③

↓

④

↓

⑤

a b c d e f g h i j k l m
n o p q r s t u v w x y z

Onset & Rime ワークシート 6 -ox（動画第 7 回と連動）

年　　組　　番　NAME:　　　　　　　　学習日：　　月　　日

ヒント

最初の音を変えたら？（先生の発音を聞いて下のアルファベット表から文字を選んで入れてみましょう。）

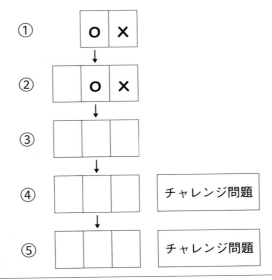

① o x

② o x

③

④　チャレンジ問題

⑤　チャレンジ問題

a b c d e f g h i j k l m
n o p q r s t u v w x y z

Onset & Rime ワークシート 7 -in（動画第 8 回と連動）

年　　組　　番　NAME:　　　　　　　　学習日：　　月　　日

ヒント

最初の音を変えたら？（先生の発音を聞いて下のアルファベット表から文字を選んで入れてみましょう。）

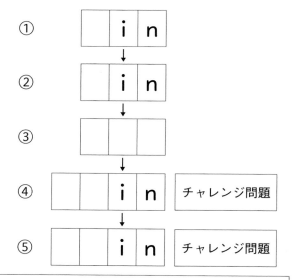

① | i | n

↓

② | | i | n

↓

③ | | |

↓

④ | | i | n　チャレンジ問題

↓

⑤ | | i | n　チャレンジ問題

a b c d e f g h i j k l m
n o p q r s t u v w x y z

Onset & Rime ワークシート 8 -ink（動画第 9 回と連動）

年　　組　　番　NAME:　　　　　　　　学習日:　　月　　日

ヒント

最初の音を変えたら？（先生の発音を聞いて下のアルファベット表から文字を選んで入れてみましょう。）

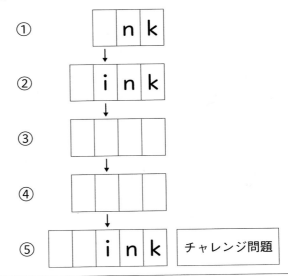

① ☐ n k

② ☐ i n k

③ ☐ ☐ ☐ ☐

④ ☐ ☐ ☐ ☐

⑤ ☐ i n k　チャレンジ問題

a b c d e f g h i j k l m
n o p q r s t u v w x y z

Onset & Rime ワークシート 9 -ing (動画第 10 回 Part 2 と連動)

年　　組　　番　NAME:　　　　　　　　　学習日:　　月　　日

ヒント

最初の音を変えたら?（先生の発音を聞いて下のアルファベット表から文字を選んで入れてみましょう。）

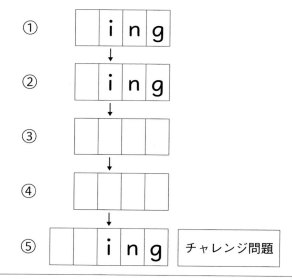

① | i | n | g |

↓

② | i | n | g |

↓

③ | | | | |

↓

④ | | | | |

↓

⑤ | | i | n | g |　チャレンジ問題

a b c d e f g h i j k l m
n o p q r s t u v w x y z

Onset & Rime ワークシート 10 -all（動画第 10 回と連動）

年　　組　　番 NAME:　　　　　　　学習日:　　月　　日

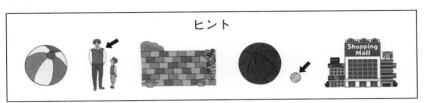

ヒント

最初の音を変えたら？（先生の発音を聞いて下のアルファベット表から文字を選んで入れてみましょう。）

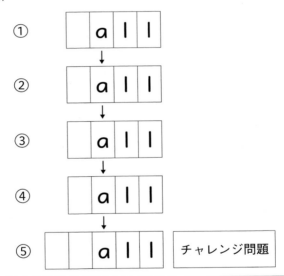

① a l l

↓

② a l l

↓

③ a l l

↓

④ a l l

↓

⑤ □ a l l　　チャレンジ問題

a b c d e f g h i j k l m
n o p q r s t u v w x y z

◆ ◆ ◆ Onset & Rime ワークシート 出題の手引き ◆ ◆ ◆

ワークシート1

①bat ②mat ③hat ④fat ⑤rat ⑥cat
※③と④は入れ替えてかまいません。
〈ポイント〉

- 初回のみ，ワークシートのやり方が理解できるように，①番は答えが入っている状態にしてあります。
- 後半の問題は，ライムの部分も書く練習ができるように，空欄にしてあります。
- 間違い例
  ※どのような間違いが起こるのかしっかり観察し，答え合わせのときに確認していきましょう。
  ✓ b と d が鏡文字になる。
  ✓ hat の h が n と書く。
  ✓ rat の r を l と書く。
  ✓ hat と fat と回答。または逆。
  ✓ cat を kat と書く。

ワークシート2

①big ②pig ③dig ④fig ⑤wig
※①と②は入れ替えてかまいません。
〈ポイント〉

- 絵カード以外の dig を追加して問題に加えましょう。
- 後半の問題は，ライムの部分も書く練習ができるように，空欄にしてあります。
- 間違い例
  ✓ b と d が鏡文字になる。
  ✓ fig の f を h と書く。
  ✓ wig の w を u と書く。

ワークシート3

①pan ②man ③fan ④van ⑤can
〈ポイント〉

- 後半の問題は，ライムの部分も書く練習ができるように，空欄にしてあります。
- 間違い例
  ✓ van を ban と書いてしまう。
  ✓ fan を han と書いてしまう。
  ✓ can を kan と書いてしまう。

ワークシート4

①pen ②ten ③men ④hen ⑤yen
〈ポイント〉

- 後半の問題は，ライムの部分も書く練習ができるように，空欄にしてあります。
- 間違い例
  ✓ hen を fen と書いてしまう。
  ✓ 絵カード以外の yen を問題に加えましょう。y を i にしてしまう間違いが考えられます。

ワークシート5

①bun ②gun ③fun ④sun ⑤run
〈ポイント〉

- 後半の問題は，ライムの部分も書く練習ができるように，空欄にしてあります。
- 動画では使用していない bun も問題に加えましょう。
- 間違い例
  ✓ b を d と書いてしまう。
  ✓ run を lun と書いてしまう。

ワークシート 6

①ox ②box ③fox ④dox ⑤mox
〈ポイント〉
- 後半の問題は，ライムの部分も書く練習ができるように，空欄にしてあります。
- ④⑤は mox, dox など無意味語にして音を聞いて文字対応ができるか児童の様子を見ましょう。

ワークシート 7

①pin ②fin ③win ④thin ⑤spin
〈ポイント〉
- ③番は，ライムの部分も書く練習ができるように，空欄にしてあります。
- 絵カード以外の win, spin を追加して問題に加えましょう。
- ⑤⑥番が子音連結の問題になります。2つめの空欄にどんな間違いをするのか観察しましょう。間違いの傾向について pp. 5〜6 をご参照ください。
- 間違い例
  - ✓　fin を hin と書いてしまう。
  - ✓　win を uin と書いてしまう。
  - ✓　子音の後に母音を書いてしまう。

ワークシート 8

①ink ②pink ③wink ④oink ⑤drink
〈ポイント〉
- ①番の頭音の母音が書けるかどうか，児童の様子を観察してください。
- ③番，④番は，ライムの部分も書く練習ができるように，空欄にしてあります。
- 絵カードにはない wink と oink を問題に加えましょう。"oink" は豚の鳴き声です。
- ⑤番は子音連結 drink です。r が間違

えやすいです。l を書いたり，日本語の「ドリンク」と想起してしまう児童は，o を書いてしまうかもしれません。

ワークシート 9

①king ②sing ③ring ④wing ⑤swing
〈ポイント〉
- 語末音の ng は［ŋ］で，文字で書いてある g は［g］と発音しません。「グ」と言わないようにしましょう。
- ③番，④番は，ライムの部分も書く練習ができるように，空欄にしてあります。
- 絵カード以外の swing, wing を追加して問題に加えましょう。⑤番が子音連結の swing になります。
- 間違い例
  - ✓　ring を ling と書いてしまう。
  - ✓　wing, swing の w を u と書いてしまう。

ワークシート 10

①ball ②tall ③mall ④wall ⑤small
〈ポイント〉
- 絵カード以外の mall を追加して問題に加えましょう。
- ⑤番のチャレンジ問題は，子音連結の small になります。2番目の空欄にどんな文字を書くのか観察しましょう。
- 間違い例
  - ✓　wall を uall と書いてしまう。
  - ✓　small を suall と書いてしまう。

［著者紹介］

河合裕美（かわい　ひろみ）
神田外語大学児童英語教育研究センター　副センター長・准教授。青山学院大学大学院文学研究科英米文学専攻博士後期課程修了。学術博士。専門は初等英語教育，特に子どもの英語音声習得や指導法の研究，聴覚障害児童の英語音声指導など。これまで東京都内・千葉県内の公立小学校で自ら外国語指導を行い実証検証をしつつ，小学校教員研修等で音声指導法の普及に務めてきた。

高山芳樹（たかやま　よしき）
東京学芸大学教授。東京学芸大学大学院教育学研究科修士課程修了。英語教育専攻。教育学修士。専門は英語教育学。主な研究テーマは「通じる英語」を目指す音韻認識・発音指導の効果。
主な著書に『高校英語授業を変える！』（アルク），『英語授業ハンドブック〈高校編〉DVD 付』（大修館書店）などがある。

きいて・みて・まねて覚える英語の音
　　——動画でできる音声指導
© Kawai Hiromi & Takayama Yoshiki, 2021

NDC375／iv, 203p／21cm

初版第 1 刷——2021 年 9 月 10 日

著　者————河合裕美・高山芳樹
　　　　　　（かわいひろみ　たかやまよしき）
発行者————鈴木一行
発行所————株式会社　大修館書店
　　　　　　〒113-8541　東京都文京区湯島 2-1-1
　　　　　　電話 03-3868-2651（販売部）
　　　　　　　　 03-3868-2294（編集部）
　　　　　　振替 00190-7-40504
　　　　　　［出版情報］https://www.taishukan.co.jp

装丁者————精興社
印刷所————精興社
製本所————難波製本

ISBN978-4-469-24648-3　Printed in Japan

動画で使用している語彙

QR コードからそれぞれの Part の動画をご覧いただけます。

タイトル	第1回	第2回	第3回	第4回
PART 1 Japanese or English？ 外来語？英語？ どっちの発音かな？	cat desk box	bus fish drink	panda penguin cheese	house game jacket
PART 2 Which word？ どっちの単語？	bear-pear pen-hen goat-coat	box-fox can-pan house-mouse	moon-spoon tie-pie kitten-mitten	men-ten zoo-two name-game
PART 3 Onset & Rime 単語が変身‼ 頭の音が変わったら別の 単語になるよ	bat mat rat cat	bat hat fat	big pig fig wig	pan man fan van
PART 4 Can you guess the word？ 何の単語かわかるかな？	ruler hamburger dolphin	kangaroo library peanut	elbows robot panda	zipper question hamster
PART 5 How many syllables？ 音節数はいくつ？	carrot notebook computer	bicycle kitten butterfly	donut jacket potato	dragon monkey radio

音声は右の QR コードから→